国家自然科学基金项目——服务模块化价值网治理机制
影响机理研究：以江西农产品加工业为例（71362020）

南昌航空大学学术文库

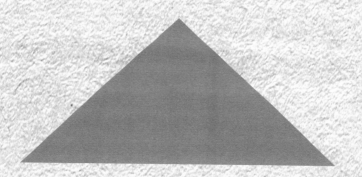

服务模块化价值网治理机制对价值创造的影响机理

The Influence Mechanism of Service Modularity Value Network Government Mechanism on Value Creation

余长春　邢小明◎著

经济管理出版社
ECONOMY & MANAGEMENT PUBLISHING HOUSE

图书在版编目（CIP）数据

服务模块化价值网治理机制对价值创造的影响机理/余长春，邢小明著 . —北京：
经济管理出版社，2017. 12
ISBN 978 – 7 – 5096 – 5437 – 8

Ⅰ . ①服… Ⅱ . ①余… ②邢… Ⅲ . ①服务业—研究—中国 Ⅳ . ①F719

中国版本图书馆 CIP 数据核字（2017）第 256335 号

组稿编辑：杜 菲
责任编辑：杜 菲
责任印制：黄章平
责任校对：董杉珊

出版发行：经济管理出版社
　　　　　（北京市海淀区北蜂窝 8 号中雅大厦 A 座 11 层　100038）
网　　址：www. E – mp. com. cn
电　　话：（010）51915602
印　　刷：北京玺诚印务有限公司
经　　销：新华书店
开　　本：720mm × 1000mm/16
印　　张：14. 5
字　　数：308 千字
版　　次：2017 年 12 月第 1 版　　2017 年 12 月第 1 次印刷
书　　号：ISBN 978 – 7 – 5096 – 5437 – 8
定　　价：68. 00 元

序

　　一方面，现有的相关研究大多从管理学科入手，把价值网治理同价值创造直接联系起来，分析服务模块化和价值网的系列问题，这些研究使我们加深了对服务模块化和价值网的内涵、形成、特征、分类、价值创造及运行等问题的认识。另一方面，现有研究只是对一般性的网络组织治理机制的相关问题（包括内涵、实质、分类、构成要素、运行等方面）做了大量探究。但是，服务模块化价值网属于新型的网络组织，国内外对其治理机制进行研究的成果为数不多。而且，在相关研究中，描述性的内容较多且以逻辑推演为主流，质性及量化的研究成果不足；也鲜有把服务模块化同价值网结合起来分析价值创造问题的研究成果；对服务模块化的认识既停留在实际问题的表层，也仅局限于概念层面的探讨，没有对服务模块化价值网的客观演化轨迹、治理机制的价值创造机理和路径等问题进行深入而系统的分析。也就是说，当前关于服务模块化价值网治理机制影响价值创造的研究尚未形成一个系统的理论分析框架。

　　服务模块化是服务价值创造活动表现在产业组织上的新范式和新特征，它促成了服务生产的规模化和精细化，导致服务价值链模块增值的非均衡性与分散性，使公共设计规则的强控制性与开放性共存；同时，使大部分产业利润流向服务标准的制定者而使其在价值链中占据着统治地位。产业服务模块化意指按照服务功能、服务要素、服务流程、服务职能和顾客感知等因子，将产业整体服务系统进行模块化的解构和设计，产生若干彼此独立或相互耦合的服务价值模块，从而使产业产生持续分化与集成的过程。在这一过程中，服务价值模块是特定服务产出的能力要素集合，是构成产业服务系统的基本服务价值元素，若干服务价值模块组成了产业的服务价值创造系统。服务模块化遵循服务技术模块化、服务产品模块化、服务功能模块化和服务网络模块化这一依序渐进的演进脉络。而价值网作为产业各利益主体（包括供应商、生产商、分销商、竞争者及顾客等）的价值传递机制，其治理机制的优劣制约着产业价值创造力的高低。服务模块化价值网作为一种新型的网络组织形态，是为产品模块化、产业模块化和模块化服务网络战略而进行的一种组织协调方式；这种网络组织注重以网络结构为基础，进一步在其上建立服务功能模块，从而超越了传统的市场与企业两分法的复杂的社会经济组织形态，成为适应知识社会、信息经济并由活性结点的网络连接构成以创新为灵魂的组织。治理机制是保证产业服务模块化价值网有序运作，并对其中合作伙伴行为起到制约与调节作用的非正式宏观规范与微观准则的总和。通过对产业服务模块化价值网的有效治理，以此重构价值创造体系、嵌入全球价值链的高端环节，能够促进区域产业升级。

企业竞争模式和产业组织结构经历着持续变革和创新，产业价值网中的各个利益主体之间常常是服务关系，彼此之间由服务活动联结，每个服务模块构成一个价值创造单元，内外服务模块的相互融合便形成了整个服务价值创造系统。此外，服务模块化作为服务性分工演进的高级形态，其本质是为了更加利于价值创造，每个服务模块作为一个价值创造单元，彼此之间的联结便构成复杂的价值网络，对于产业服务模块化价值网运行过程中的诸多重要问题（如服务价值模块之间的信息交换、价值交换和传递等）都离不开宏观的组织与协调。于是，对这个价值网络进行有效治理的重要性就凸显出来。因而，立足价值创造这一核心与前沿问题，用定量或者多元的研究手段分析服务模块化价值网治理机制将会加强。站在产业发展的视角探求以服务模块化方式组建价值网，站在组织管理的视角寻求服务模块化价值网的分工、协调、激励、学习与创新等治理机制，理应成为未来研究的重要取向。

基于此，本书将以服务模块化价值网的价值创造为切入点，把服务管理学和产业组织学等相关学科融合起来，通过调研获取数据，主要运用规范分析、案例探讨及实证研究的方法，系统探索服务模块化价值网治理机制对价值创造的影响机理、路径，使服务模块化、价值网和网络组织治理机制理论更加细化、深入，以便从政府宏观和产业中观两个层面对产业服务模块化价值网治理机制进行优化设计，探求解决现实中产业服务模块化价值网运行中制约价值创造矛盾的对策，从而实现产业绩效的提升。

目　录

第一章 绪论

一、研究背景与研究意义

（一）研究背景

1. 服务模块化的演进背景

产业组织的演进形态遵循着分工→模块化→网络化的一般路径，模块化是近年在产业组织领域兴起的一个重要课题（汤超颖、周寄中，2007），现代产业组织研究的领域和对象已经从制造转向服务，由此，对制造模块化的研究也转向了服务模块化。

服务模块化的概念最早出现在服务业领域。现实中，服务模块化逐渐应用和推广到服务型跨国公司和金融、保险等服务产业。服务模块化思想和方法必将在更多的产业领域对企业生产、服务及组织层面产生深远的影响（青木昌彦、安藤晴彦，2003）。

服务模块化作为一种新型的组织形式，它打破了传统的一体化组织边界，提高了组织的渗透性和灵活性，能够充分地发挥对专业化分工的"分"和合作的"聚"的作用，从而实现技术、知识和制度等生产要素收益的递增，促进服务产业价值创造能力的提高。

2. 价值网运作的背景

价值网作为适应全球化、信息化、网络化、集成化、敏捷化发展趋势下产生的一种新型商务运作模式，正在不断地在实践中创新和发展。模块化价值网正在取代价值链而成为新的价值创造模式（盛革，2009）。

网络经济时代不再是单一组织或线性价值链的竞争，而是组织与其协力者所共同营造的价值网的竞争（Applegate，2000；汪涛、李威，2003）。近年来，一些著名的跨国公司已经全面启动了价值网运作。例如，戴尔在整个价值网范围内对其上下游厂商的生产与运营信息进行集成，实现客户定制、快速反应和零库存管理；惠普致力于在供应商、客户及合作伙伴间建立以客户为导向的扩展型协同业务关系；思科通过网络系统集成与掌控整个价值网中上下游企业的信息资源来为客户提供服务；丰田的价值网则具有动态性的组织结构和灵活的调节机制，使其核心能力单元处于主导地位；等等。

基于价值网的形态，从产业链的多个利益主体出发来系统设计和运作，而不只是关注企业内部价值链，更有益于产业整体的价值创造，也更有益于产业长期的价值增值。

3. 网络组织治理机制的运作背景

组织间合作网络是由"旗舰企业"与单个模块化企业构成的一个系统（Boari，2001）。在这样的网络组织中，居于核心地位的"旗舰企业"往往控制着价值流路径的信息和资源，并能够起到帮助其他企业建立联结桥梁，而网络组织间关系成员都是具有自组织特性的能力要素模块化企业，他们由"旗舰企业"外部市场中的供货商、协作厂家、中间商、企业用户以及最终消费者，甚至是"旗舰企业"内部市场中的其他部门的能力要素模块组成。这些能力要素互补、互嵌的模块化企业相互合作，共同降低生产、交易以及市场认知等方面的不确定性，并支持"旗舰企业"价值创造。在这个网络组织中，有两种力在起作用：一是吸引力；二是逃逸力。单个模块化企业是否加入或退出组织间合作网络，取决于组织间合作网络自身吸引力的大小和单个模块化企业逃逸力的大小。若组织间合作网络吸引力过大，单个模块化企业将会被组织间合作网络吸入；反之，若吸引力过小，单个模块化企业则会离组织间合作网络而去。使这两种力处于均衡态就是网络组织的治理机制，或者说是组织间合作网络的内部制度性标准或市场规则，这个治理机制是决定组织间合作网络自身的吸引力和单个模块化企业逃逸力差异的内在基础，并最终制约着该网络组织运行的效率。

作为最具代表性的网络组织治理机制，丰田的实践是：①认为网络共享知识平台建设是一个过程，可以逐步培育和养成成员企业的网络认同感。②建立了有效的知识保护和价值分配的网络规则。③建立人才流动机制，便利和鼓励成员企业间在网络组织之间的人员流动，从而使丰田公司的新产品开发速度更快和更有效率。④加强企业网络的基础设施建设，建立学习机制，提高网络的学习效率。

组织为了建立适应环境变化的动态能力，以获取持续的竞争优势，就必须具有较强的治理能力（罗珉，2011），而科学的治理机制是决定其治理能力高低的关键所在。在产业所形成的网络组织中，必须重新思考产业中各种利益主体之间的相互作用和关系，以此构建有效的治理机制，扩大与延展产业的整体价值创造力。

（二）研究意义

在理论研究方面，诸多研究均欲阐明服务模块化和价值网的运作模式，关于网络组织治理机制的研究也颇多，遗憾的是，这些研究却忽视了服务模块化和价值网的价值创造机理，尚无一个系统、清晰的分析框架来诠释价值网治理机制及其对价值创造的影响机理，更未能在模块化视域下对价值网治理机制进行探究。此外，服务模块作为价值单元，在产业范围内的分工与协作会形成创造价值的网络，各个服务模块利益主体和顾客相互联结而成价值网。因此，需要把服务模块融入价值网中进行分析才能更好地理解其价值创造本质。但现有研究却忽略了这一重要问题。现实中，产业服务模块化价值网治理机制的构建与运作还处于萌芽、摸索阶段，与价值创造之间暴露出较多的不协调性和冲突。因此，本书将产生以下理论贡献与实践意义。

1. 理论贡献

本书研究的广义目标是依据服务模块化、价值网及网络组织治理机制理论，围绕价值创造这一问题，吸收产业组织中有关服务模块化的学科知识，将规范分析、实证检验和案例研究全面结合起来，深入认识和剖析服务模块化价值网治理机制影响价值创造的机理，揭示服务模块化价值网治理机制的价值创造特征与规律。这些研究克服了以往定性研究的不足，也扩大了仅仅单方面关注服务模块化、价值网和网络组织治理机制的研究视野，研究成果将进一步充实、拓展、深化现有的产业服务模块化、价值网和网络组织治理机制理论，为产业组织学和服务管理学带来新内容。

2. 实践意义

根据微笑曲线，服务活动处于价值创造的高端，服务模块化的实质是价值创造极大化。产业服务模块化作为一种新型产业组织形式，通过分工与集成，以此嵌入全球价值链的高端环节，重构价值创造体系，是产业和企业寻求新价值增长极的重要路径。因此，本书的研究成果意在从政府宏观、产业中观和企业微观三个层面入手，为服务模块化价值网的治理机制进行科学规划与设计提供一个出发点，从而为产业的价值创造及增值提供理论支撑和方法指导，最终推动区域产业转型升级。

二、研究框架

（一）研究内容

以服务模块化、价值网和网络组织治理机制理论为根基，以嵌入产业链中的服务系统为基本研究对象，在分析其模块化及所形成服务模块化价值网的基础上，重点研究服务模块化价值网治理机制对价值创造的影响机理。具体包括以下五大问题。

1. 服务模块化价值网治理机制影响价值创造机理的理论探讨

阐述服务模块化、价值网及网络组织治理机制等理论文献；分析服务模块化价值网的结构模型、演化机理及动力机制，探究服务模块化价值网治理机制在价值创造基点上的结构、特性、演化机理和生成过程；对比服务模块化价值网这种新兴网络组织治理机制与一般意义上网络组织治理机制，找出二者在价值创造方面的异同点。

2. 服务模块化与制造模块化价值创造的差异性解析

以制造模块化为参照，基于产业或企业案例，从模块化分工、模块化集成、模块化界面、模块化耦合程度、模块化定制水平五个维度诠释服务模块化的价值创造性。

3. 服务模块化对价值创造的影响机理

界定服务模块化的构成要素以及价值创造的概念内涵和测量体系，阐述服务模块化的外生维度和内生维度的概念内涵与分类标准，运用理论演绎、案例分析和实证分析的方法探索服务模块化是如何通过外生维度和内生维度影响价值创造的，包括这种影响的形式、原理和效果。

4. 服务模块化网络对价值创造的影响机理

通过案例比较，探究卷烟产业与食品制造业服务模块化价值网在点、线、面，即价值模块节点活性、线性耦合、界面"部件"与"接口"设计及界面规则设计程序的价值创造差异。

5. 服务模块化价值网络治理机制对价值创造的影响机理

在分析服务模块化价值网络治理机制的构建与运行的基础上，基于探索性案例分析的方法和框架，立足规则、知识、产权三种要素，对卷烟产业与乳制品产业服务模块化价值网络治理机制的价值创造进行比较，并通过文献研究及理论分析，推导服务模块化价值网治理机制影响价值创造的理论模型，进而根据从相关企业中所获得的数据，对理论模型进行实证分析。

（二）研究目标

通过研究服务模块化价值网治理机制影响价值创造的机理，力求在理论上取得突破，以致力于解决服务模块化价值网治理机制中存在的问题，提高服务模块化价值网治理机制的运作效率，促进产业整体绩效的提升。主要研究目标包括理论及应用两大层面。在理论层面，拟达到以下三个逐步推进的具体目标：第一，识别服务模块化价值网治理机制的关键影响因素；第二，建立、验证、解析服务模块化价值网治理机制影响价值创造的模型；第三，推导服务模块化价值网治理机制影响价值创造的机理和本质，求解服务模块化价值网治理机制对价值创造的作用路径。由此，在理论方面深化对服务模块化价值网治理机制影响价值创造内在规律的认识，促进服务模块化及价值网治理理论的创新和发展。在应用层面，提出服务模块化价值网治理机制构建及优化的对策：针对产业服务模块化价值网的治理和运行中存在影响其价值创造的矛盾和问题，在服务模块化价值网治理机制对价值创造影响机理及作用路径的理论研究基础上，通过典型调查、专家访谈、实证分析和案例追踪，提炼出动态环境下服务模块化价值网治理机制构建及优化策略。

（三）研究方法

1. 文献研究法

注重跟踪国内外服务模块化价值网及其治理机制的研究前沿，吸取服务模块化和价值网理论的最新进展，利用网络、期刊、杂志、专著、会议广泛获取研究的相关文献资料，并进行整理与分析研究，梳理和诠释与研究主题相关的各种理论。

2. 规范研究法

由于服务模块化价值网治理机制的研究对象非常复杂，其性质也高度混沌，并且这一领域的研究成果并不多见，缺少直接的理论基础，必须从现实的企业案例资料和相关理论中归纳、演绎出服务模块化价值网治理机制与一般性网络组织治理机制在价值创造机理方面的异同，逻辑分析服务模块化价值网治理机制影响价值创造的模型、机理和作用路径，进而提出措施和对策。规范研究法贯穿整个研究的始终。

3. 实证研究法

通过聚类分析和因子分析，筛选出影响服务模块化价值网治理机制的关键因素；用方差分析和相关分析探讨服务模块化价值网治理机制影响价值创造的机理；用结构方程模型和逐步回归模型分析服务模块化价值网治理机制影响价值创造的作用路径。

4. 探索性案例研究法

选择有典型经验的服务模块化价值网治理产业进行探索性案例分析，研究服务模块化价值网治理机制对价值创造的正向及负向作用；同时在案例运用形式上采取多案例及正反案例展开全面分析，通过不同性质案例数据的相互验证来提高研究结论的信度和效度，使研究结论更具有普遍意义。

5. 调查研究法

采取间隔时间段从相关企业采集服务模块化价值网治理机制影响价值创造的相关数据。重点采用典型性调查方式，主要通过访谈（包括个人访谈和焦点小组访谈两种形式）和留置问卷方式进行。

（四）创新之处

服务模块化价值网作为新兴的产业组织形态，其治理机制是影响价值创造的重要因素。迄今为止，大多数研究仅聚焦于服务模块化及价值网这两个彼此分割的维度，鲜有人将注意力放在服务模块化价值网治理机制对价值创造的影响机理上。

能够抓住国内外模块化研究的理论发展趋势和产业实践的客观要求，把学术前沿及热点（服务模块化价值网、网络组织治理机制）与实践中亟待解决的问题（服务模块化价值网的治理及运行）结合起来，同时，借用现有网络组织治理机制的理论来分析新型网络组织（服务模块化价值网治理机制）对价值创造的影响机理，融合服务管理学、社会学和产业组织学进行深入而系统的分析，力求理论性和现实性相结合，具备前瞻性和探索性的特征，预期成果有望在该领域达到国内领先水平。

创新点集中体现在把服务模块化同价值网治理机制融合起来分析价值创造机理。现有研究从管理学出发，对价值链的治理机制及一般形态的网络组织治理机制做了大量探讨，而对于由价值链演化而来的价值网，其治理机制的研究却很少见，与服务模块化价值网治理机制这一研究命题相关的研究成果则更少。另外，现有研究把服务模块化价值网治理机制这一问题"片断化"，即仅仅从服务模块化、价值网和网络组织治理三个维度单独进行分析，未能把三者结合起来进行剖析。产业的形成主体之间如何通过网络形态的合作组织形式展开更有效的竞争，不仅是产业可持续发展的战略问题，更是网络组织治理不容回避的问题。鉴于服务模块化价值网治理机制问题具有重要的理论及现实意义，本书拟在价值链和网络组织治理机制的基础上，力图融合管理学和服务科学等学科方法，对服务模块化价值网治理机制影响价值创造的机理展开突破性研究。

第二章　服务模块化的理论逻辑

一、服务及其要素

（一）服务

对服务的研究，最早可以追溯到著名经济学家亚当·斯密，随后马克思、西尔等众多学者开展了积极的研究。例如，1960 年美国市场营销学会提出，服务是伴随货物销售一并提供给顾客的利益、满足及其他活动（左文明等，2010）。但并不是所有的服务都必须伴随货物销售。Fitzsimmons 和 Fitzsimmons（2006）根据 Gronross（1990）等学者的观点，认为服务是一种顾客作为共同生产者的、随时间消逝的、无形的经历。

服务并不完全脱离有形的物品，服务流程中消费者依旧能够接触到许多有形实体，它们对消费者的服务体验、参与积极性、服务质量的评价等都具有重要的影响。对这些有形实体的分析最早出现于服务蓝图法的研究中，且是服务蓝图中的重要组成（Shostack，1982，1984，1987，1992）。Shostack（1982）指出，在服务过程中往往存在一些不能定义为产品的物理实体，这些对象或被称作证据，在验证一个服务是否存在或完成方面起到重要的作用。这与购买商品的过程不同，商品的证据就是其本身。而服务的组织可分为两部分：一部分是直接与客户接触的因素；另一部分则不是。亦即对客户而言，分为可见和不可见的部分（Melián - Alzola & Padrón - Robaina，2006）。对于整个服务流程来说，这些有形实体虽然不是服务的核心部分，但是，它们的存在往往会影响顾客对服务的体验和看法，众多学者将其称为证据。如 Berry 和 Bendapudi（2003）认为，医院应该改善现有的服务证据，包括建筑物的外观、医疗人员的衣着、科室的装修、设备的摆放和外观等，从而减少病人紧张的情绪；Lo（2011）认为，酒店通过提升装饰等手段能影响顾客对服务的第一印象，从而增强顾客体验。

虽然学术界对服务的概念缺乏统一的定义，但是可以肯定，服务是用来作为销售，或因为配合销售而提供的活动、利益或满意（Buell，1984）。服务是一种商品，但与其他商品的区别在于它的无形性、不可存储性以及与顾客的互动性。服务通常是由一种或多种活动所组成的一种流程，在其生产过程中需要顾客的参与，服务具有一定的使用价值和交换价值。需要指出的是，服务与服务业是不同层次的两个概念，两者之间既有关联又有区别。首先，服务是一种生产活动，而服务业是一种行业；其次，服务业是以服务为主要生产内容的行业，但是服务本身可以存在于任何行业中；最后，服务模块化所论述的服务，并不专指服务业，但是包括服务业。

在产业界，服务是一种服务供应商的生产活动，即服务供应者直接或间接地以某种形态，提供顾客所需要的东西，它具有顾客导向性特征。需要明确的是，服务与服务业是有差别的，服务存在于任何一个行业中，而服务业单指某一个行业，因此从这种角度来讲，服务包括服务业，而又不局限于服务业的任何一种价值活动。

对服务可以有多种分类方法或角度，一种常见的分类是把服务分为生产者服务、消费者服务、分销服务与政府服务。由于政府服务不具有市场交易性，也就不需要取得价值身份。典型的生产者服务如产品设计，其服务对象是实物产品，这种服务劳动所生产的使用价值是提升它所服务的实物产品的使用价值，其价值是追加到实物产品的价值上去的。这类服务也被称为追加服务。这样的服务有三个特点：一是直接购买者为厂商；二是最终消费者购买的核心对象是实物商品，并非服务，但这些商品中包含了服务在它上面的实物性凝结；三是它改变了消费者所购物的状态，而不是消费者自身的状态。这类服务的使用价值性质及其价值在实物商品上的追加目前是没有认识分歧的。消费者服务是满足人的多种生活消费需要的服务。它可分为满足人们精神需要和物质需要两种服务。前者如教育服务、艺术服务、体育服务、娱乐服务等；后者如医疗服务、客运服务、个人生活服务等。法律服务、咨询服务等既可满足消费者的精神需要，也可满足消费者的物质需要。不管是两种里的哪一种，它们都是消费者花钱购买的核心对象，也被称为核心服务。这样的服务也有三个特点：一是直接购买者为最终消费者；二是消费者购买的核心对象是服务本身，与物无关，而消费者之所以购买这些服务，是因为它们可为其提供某种效用，即服务产品给他们带来的不仅是实际的而且是独立存在的使用价值；三是它改变了消费者的精神或人身的状况。消费者要获取这样的使用价值就必须支付其价值。这类服务独立存在的使用价值性质直接承担了服务劳动的价值。它不需要经过对实物商品的价值追加而迂回体现。尽管如前面所讨论的，非实物形态的产品是否具有价值存在认识分歧，但人们对核心服务具有独立使用价值是没有认识分歧的。所以，只要承认服务劳动可以创造价值，就不会对消费者服务具有价值产生分歧。分销服务是消费者为获取实物商品而连带购买的服务。它有着比较复杂的特点：第一，它是提供给消费者的（我们在此进一步抽象掉了批发商业服务，只讨论零售商业服务），类同于消费者服务，但与作为消费者服务的核心服务又不一样，它与物不是完全脱离的。消费者不像购买艺术、旅游等服务产品那样直接而且仅仅购买服务，消费者购买商业服务的同时一定购买了实物商品，消费者是为了购买实物商品而购买商业服务，而不是相反的。第二，它跟着物一起被购买，类似于生产者服务，但与作为生产者服务的追加服务又不一样，它不改变物的状况，不提升物的使用价值（我们抽象掉了生产性流通服务，只讨论纯粹商业服务）。那么，这种服务要使其使用价值承担其劳动价值的载体何在呢？我们在前面说过，一种服务产品确实只有给购买者带来能体验的或实际的甚至是独立的使用价值，才能被认为它成为价值的载体或承担者。纯粹商业服务具有这样的使用价值吗？回答是肯定的，这就是它给消费者以便利。便利是效用、是使用价值。消费者明知生产厂家生产该商品，而且可对外零售，但大多数情况下还是选择从商家购买，他们需要的是一种效用，即便利。便利里包含着体力的节省、时间的节省甚至金钱的节省。若无商业服务，消费者可能得不到商品信息，可能要很不方便地到遥远的生产厂家购买等。消费者为了获取方便，才在商品本身的价格上另外支付商业服务的价格而从商业企业购买商品，尽管这个商品本身的效用与在厂家购买一样。如果说便利是效用不成问题，那么为什么我们又不直接把商业服务看作核心服务呢？原因是：毕竟它不能完全脱离物而存在，而被消费。其实，只要我们在方法论上将纯粹商业服务与同时被购买的实物商品作分离，纯粹商业服务还是核心服务，核心服务当然承载价值。

服务模块化中的服务定位是服务元素，而不仅仅是服务业，这意味着无论是制造业还是服务业，只要产业结构中存在服务的元素，都属于服务模块化的范畴。

（二）服务要素

1. 服务场景

Bitner（1992）在对服务环境的研究中，用服务场景来指代服务场所经过精心设计和控制的各种物理环境要素，服务场景一词也逐渐成为服务环境研究的通用术语。

服务场景涉及三个发展阶段的相关问题。第一阶段是服务场景中的物理要素问题，从认知心理学和环境心理学角度看，涉及服务场景中某些单个环境变量的作用或若干环境变量之间的交互作用。服务场景中的物理要素，如音乐、照明、温度、气味、噪声、颜色、布局、设计等，对消费者的情绪、认知、服务体验、满意感等心理利益、行为意向和实际行为有显著影响。这些物理要素的某些自然属性或物理特征与顾客的情绪和认知存在紧密而复杂的联系。这些关键的属性或特征包括音乐的音量、音调、节奏和风格（Turley & Milliman，2000；Tombs & McColl - Kennedy，2003，2004；Oakes & North，2008）；灯光的强度（Turley & Milliman，2000；Venkatraman & Nelson，2008）；气味的类型及浓度与产品或环境的协调程度（Chebat & Michon，2003；Christoph & Charles，2012）；颜色的色调（暖色和冷色）、亮度和饱和度（Turley & Milliman，2000；Christoph & Charles，2012）；温度的高低（Turley & Milliman，2000；Christoph & Charles，2012）；店内物品的摆放、空间布置、内部装饰和陈设等（Turley & Milliman，2000；Tombs & McColl - Kennedy，2004）。此外，物理要素应该与目标顾客的偏好相匹配，同时不同物理要素又应该相互协调，共同营造和谐的服务氛围。Morrison 等（2010）发现，商店中的背景音乐和芳香气味是否匹配显著影响顾客在商店内停留的时间和满意度。Klemens 等（2012）指出，音乐风格和音乐节奏之间的协调搭配能够提高顾客对商店的评价，促进顾客的口碑推荐。第二阶段是服务场景的整体作用问题。从心理学角度看，对服务场景的认知是在综合各类要素认知的基础上形成的总体印象。Bitner 和 Baker 等以完形心理学理论为依据，指出人们对服务场景的认知并不是若干单个场景要素认知的简单组合，而是基于对各类要素认知的综合形成的对服务场景的总体印象。后来，学者们将各类服务场景要素看作一个整体，以不同的服务业态为背景，研究它们对顾客的情绪、认知、意愿和行为等所产生的主效应和交互效应。一方面，服务场景的各个维度会对顾客的情绪产生显著影响；另一方面，服务场景也会影响顾客对服务的认知和评价。这揭示了顾客在服务消费中从认知（感知服务质量）到情绪（情绪反应）再到更高层次认知（感知服务价值）的渐进心理过程，提供了对服务场景与顾客行为意向之间关系更全面的理解。此外，服务场景对顾客—服务人员之间互动产生影响。Fowler 和 Bridges（2012）指出，良好的服务场景有助于顾客主动向服务人员寻求帮助以及与其交流互动，同时有利于服务人员在工作中保持正面情绪，积极回应顾客。良好的服务场景也是顾客和服务人员之间形成和保持商业友谊的必要条件之一。第三阶段是服务场景中的社会要素问题，从社会心理学（尤其是社会认知）角度看，顾客光顾服务场所不仅是为了满足功能性消费需求，也是为了满足社会和心理需求，如获得自我认同、自尊、归属感、社会交往、社会认同、社会支持等。很多学者开始将社会要素作为服务场景的重要元素加以研究（如 Hassanein & Head，2005，2007；Hu，2005 & 2007；Rosenbaum & Montoya，2007；Rosenbaum & Ward，2007）。在早期针对服务场景的社会要素研究中，研究者主要关注服务场所拥挤度和服务人员数量的影响。Baker 等（1994）指出，过度拥挤和服务人员不足会影响顾客对商店的感知印象。Tombs 和 McColl – Kennedy（2004）进一步突出了服务场景中社会要素的重要性，构建了社会化服务场景模型。他们以服务场所的人员密度、其他顾客外显情绪和购买情景为前因变量，进行了一系列探索性研究，证实服务场景中其他顾客的外显情绪会对顾客情绪和购买意愿产生影响。目前对服务场景中社会要素的研究主要集中在服务人员和其他顾客两个方面。

2. 服务系统

服务系统是服务模块化的重要基础。如何加快服务系统间的资源交换频度，降低服务系统价值匹配的成本，建立有效的信息交流平台和机制，设计服务系统价值创造的最优路径等微观问题将丰富服务模块化理论。

Spohrer 等将服务系统定义为由人、技术、连接内外部系统的价值主张和共享信息构成的价值共同创造结构。个体是最小的服务系统，全球经济构成了最大的服务系统，城市、企业、政府、非政府组织、公益团体等都是服务系统的类型。服务科学是对服务系统的研究，人、技术、组织和信息对构成服务系统尤为重要，它们包含了权利资源（人和组织）、所有权资源（技术和信息）、实体资源（人和技术）和社会资源（组织和信息）。服务科学的多学科特征与理解服务系统的需要是相关的。Maglio 等认为一个服务系统是一种资源配置，所以它也是一种资源本身，服务系统单元和其他资源可以结合起来形成复合服务系统。他认为服务系统具有开放性特征：一方面能够通过分享和利用自己的资源改善另一服务系统的状态；另一方面能够获取外部资源改善系统本身的状态。服务系统是动态复杂适应性系统，随着时间的推移不断地组建、重组和解散，在开放性的服务系统中，对象性资源不断变化，但操作性资源却持续稳定。Qiu 认为有竞争力的服务系统必须对环境有高度的适应性和持久性，服务系统应该通过以下5 个方面予以更好的界定和发展：①服务需求；②服务环境设定（包含服务消费者、服务供应商和人的界面的环境设定）；③适应和持续的服务过程；④大量的信息基础和设施；⑤有效的管理与高效组织。Cai 等指出，在服务系统中存在信息流、资金流、物流和知识流，其中信息流和知识流在服务系统中更重要，服务创新往往伴随着知识流的传递而产生。他们从控制论和系统工程角度构建了包含服务供应商、服务员工、服务过程和服务信息等基本部分的服务系统框架，指出服务系统有自己的组成部分，但对外界必须是完整且可以测量的系统。

服务系统的运行主要包含了服务系统的价值创造、服务系统的相互作用和服务系统的能力交换三方面内容。第一，服务系统的价值创造。服务系统是资源的动态配置，它可以通过有效地利用其他实体的资源或者与其他服务系统相互配合来共同创造价值。Spohrer 提出服务系统通过价值主张、价值认同和价值评估连接在一起，服务供应商根据其能力（知识、技能等）和竞争优势在市场上提出价值主张，这一价值主张被其他服务系统接受、拒绝或者漠视，若具有相同的价值主张，服务系统间可通过直接或间接方式来交换能力创造价值。Vargo 等将服务价值定义为系统自身的改善，认为服务系统的主要功能是利用自身和其他实体的资源促进系统环境的改善，用系统的自适应性和适应环境的能力来测量价值，服务系统创造价值的多少取决于服务系统间交换资源的效率、价值主张的匹配程度和资源交换的频度。他们构建了服务系统的价值共同创造模型，指出服务系统之间通过价值主张来相互作用和交换资源以创造价值，而每个服务系统又分别与公共的、私有的和面向市场的三类服务系统相互作用，且都经历了资源的获取、适应和整合等先后过程。第二，服务系统的相互作用。

Maglio等将服务系统之间价值共同创造的相互作用称为服务相互作用，服务系统通过相互作用来共同创造价值。服务系统主要参与三项活动来构成服务相互作用：向另一服务系统提出价值共同创造（Proposal）；接受价值主张（Agreement）；实现价值主张（Realization）。第三，服务系统的能力交换。服务系统的能力交换是价值创造的基础。Maglio提出服务能力的交换在信息共享、工作共担、风险共担和产品共享4个维度进行。在具体商业环境中，信息共享主导商业谈判，工作共担主导外包决策，风险共担决定保险决策，产品共享决定出租决策，所有的服务系统在一定程度上包含了上述4个方面，服务系统的价值主张决定了交换维度的选择。

在服务系统的结构方面，作为服务价值创造的载体和单元，服务系统由服务需求开始，以产生服务价值结束，包含顾客、服务供应商和服务传递者三个主要部分，三个部分的价值主张影响价值创造效率，服务管理贯穿服务系统运行的始终，知识转移和信息传递引致可能的服务创新，服务反馈和服务优化导致新一轮服务价值创造。不同服务系统间持续的相互作用和能力交换是价值创造的基本路径。服务系统的基本结构如图2-1所示。

3. 服务过程

服务过程是指与服务生产、交易和消费有关的程序、操作方针、组织机制、人员处置的使用规则、对顾客参与的规定、对顾客的指导、活动的流程等，简而言之，就是与服务生产、交易和消费有关的程序、任务、日程、结构、活动和日常工作。

（1）服务过程的分类。服务过程可以按过程形态、接触程度、复杂程度和差异程度分为三类。按过程形态不同可以分为线性作业、间歇性作业和订单生产。线性作业是指各项作业或活动按一定顺序进行，服务是依循这个顺序而产出的，它适用于较标准化性质且有大量的持续性需求的服务业。自助式餐厅就是这种作业顺序的标准形态，在自助式餐厅，顾客依顺序做阶段式地移动，当然，顾客也能维持不动并接受一系列服务。线性作业的各种不同构成要素之间的相互关系往往使整体作业会受到连接不足的

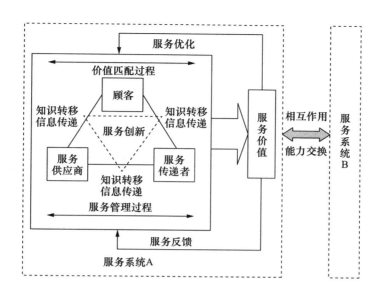

图 2 - 1 服务系统运行结构

限制，甚至因此造成停顿现象。间歇性作业是指各服务项目独立计算，属于非经常性重复的服务，最有助于项目管理技术的转移及关键途径分析方法的应用。例如，一部大型影片的制作、一个广告宣传活动的设计都属于间歇性作业。这类项目的规模及其间断性与前种方式大不相同，对管理阶层而言，作业管理是复杂而艰巨的。订单生产是运用不同活动组合及顺序提供各种不同的服务。这类服务接受事先预定或者特别设计，以迎合顾客的不同需求，餐馆及专业服务业都属于订单生产过程。虽然这种形态具有弹性优势，但仍然存在时间不易安排、难以估算系统产能、难以用资本密集取代劳动密集等困难。按接触程度不同，可将服务过程分为高接触服务和低接触服务。美国亚利桑那大学教授蔡斯提出，在低接触服务中，因为顾客不直接出现在生产过程中而不会产生直接影响，其生产经营观念和自动化设施均可应用工厂运作模式。而在高接触服务中，顾客往往成为服务过程中的一种投入，甚至会扰乱过程，生产日程较不容易编制，同时，高接触度服务业的工作人员，对顾客的服务印象有极大影响。将服务系统中的高接触度构成要素和低接触度构成要素予以分开管理将较有利，可因此激励员工们在各种不同功能中尽量专门化，因为各种功能需要的技能并不同。无论是依据过程方式还是接触度高低来分类，都可显示服务过程中的作业顺序并予以明确化，也可以将服务系统农其接触度加以分门别类。按照复杂程度和差异程度不同，则可分为以下四类：①复杂程度和差异程度都较低的服务过程，如超市的服务过程，既不复杂也没有多少差异。②复杂程度较高差异程度较低的服务过程，如餐厅的服务过程比较复杂，但比较标准化。③复杂程度较低差异程度较高的服务过程，如理发店的服务过程，不是很复杂，但差异程度却较高。不同的理发师之间，不同顾客要求之间，甚至是同一要求不同理发师之间，都存在较大的差异。④复杂程度和差异程度都较高的服务过程，如外科手术的过程，既复杂，又随着病人或医生的不同而出现较大差异。

（2）服务过程的影响因素（包括两大维度）。

1）"接触面"的过程影响因素。服务系统的互动部分反映了顾客与服务组织的接触，而顾客所能体验到的服务过程特性也产生于这个重要的"接触面"。对它产生影响的因素有：①服务过程中的顾客。服务的生产过程与消费过程的同步性决定了顾客或多或少都要参与到服务过程中来，顾客的服务体验具有即时性、瞬间性、实地性。所以倘若在服务过程中，有哪个环节出了小小的差错，其结果都会使顾客对服务不满意，并无法挽回。②与顾客接触的员工。接触顾客的员工即服务的一线人员的地位很重要，他们需要在关键时刻通过观察、问答及对顾客行为作出反应来识别顾客的愿望和需求。他们还能进一步地追踪服务质量，在发现问题时及时采取对策。③服务系统和运行资源。包括排队系统、客户服务呼叫中心、资金汇总系统、自动柜员机系统或在线服务系统等。许多系统和程序都影响服务和执行任务的方式，并且对服务质量有双重影响。顾客必须和这些系统互动，所以它们直接影响顾客对服务质量的感知。例如，当顾客面临要求填写的文件太烦琐时，就会感觉服务质量较差。④有形资源和设备。它们构成了服务过程中的服务环境组合，包括行情显示器（台式＋挂式）、方便交易的物品、室内布置与装修、音乐等。一切对服务接触有积极感知帮助的氛围和有形因素，共同构成了服务过程的可视部分。顾客、员工、运行系统及资源在此环境中相互作用。这些有形资源和设备对服务质量起着不容忽视的作用，因为顾客可以在此环境中感到自己参与服务过程时的难易程度以及得出服务环境是否友好的结论。例如，银行营业厅里摆放着自助咖啡机、糖果、大沙发以及报纸杂志等，提供给等候服务的顾客，这些有形资源无形中提升了顾客对服务质量的感知。

2）支持系统的过程影响因素。这部分虽然不被顾客所见，但直接影响互动部分的效率和效果，不能因为顾客看不见而有所忽视，应该将其纳入服务过程营销的整体设计之中。①系统支持。这种支持是强调在可视背后的支持系统，与前面互动部分中的系统和运行资源有所不同。例如，银行如果购置了一套速度很慢的计算机系统，就无法满足及时进行快速决策及日常的现金调拨的要求，数据库也无法为接触顾客的营业员方便快捷地提供服务信息，这就是可视后的支持系统影响了服务过程质量。但如果是出于柜台风险控制而增加顾客从银行提取现金的手续，则是可视以内的管理系统影响了服务过程质量。②管理支持。这种支持决定着企业的文化，即决定服务组织的共享价值、思考方式和工作群体、团队和部门的工作情况。如果经理和主管没有为团队树立一个好典范，也没有能力鼓励团队关注顾客和培养服务意识，整个服务组织为顾客提供优质服务的兴趣就会减弱，进而损害服务过程质量。③物质支持。与顾客接触的员工要正常完成工作，常常要依赖无法被顾客直接看到的各职能部门及其所提供的物质支持。这些提供支持的职能部门的员工必须将与顾客接触的一线员工视为自己的内部顾客，使内部服务质量与提供给最终顾客的服务质量一样出色，否则会使一线员工的工作积极性受到挫伤。这一服务过程阶段出了差错，也将影响顾客感知的服务过程质量。

（3）对服务过程的管理。主要包括服务过程参与的管理、服务系统的组织内冲突管理、排队管理三个方面。

在高接触度服务业，顾客也参与服务递送过程，因此服务过程系统的设计，也必须考虑到顾客的反应和动机。顾客对服务业公司的要求，会影响到服务表现者的行为。要调整对服务系统的管理，可能要先调整顾客的行为，或者将顾客行为从服务系统中完全除去。传统的经济理论确定了提高生产率的三种方式：改善人力质量；投资于更有效率的资本设备；将原来由人力操作的工作予以自动化。但是，提高服务业的生产率还应该再加上第四种提高生产率的方式，即改变消费者与服务生产者的互动方式。在改变服务系统时必须采用营销的观点。因为，只要过程管理在传统接受的服务产业部门引起各种变迁就会直接影响顾客，但顾客是否接受这些变迁则不可知。此外，顾客的抗拒心理往往也是采取合理方法进行改善的一个阻碍。将服务系统，尤其是高接触度服务业区分为技术核心（Technical Core）与个人化接触（Personal Contact Service）两个部门，或许可以缓和上述顾客抗拒的问题。使用这种方式，大量的工作可以在技术核心内实现（如电脑化银行交易）。但是，顾客仍然和技术核心的作业有若干程度接触，因此，对顾客反应保持高度敏感仍然很必要。

即使该处所的作业更具有整体管理（General Management）的角色，而在该处所具有高度独立性的作业系统中，各项功能之间的影响与相互依存性往往造成冲突问题。造成这种功能间冲突的原因主要来自以下四点：①变迁的各种动机不同。在不同的功能部门，对于系统变迁各有不同的动机。如作业方面，可能根植于技术上的开发进展，而营销方面，则可能根植于提高市场占有率的可能性。②成本收益取向不同。作业经理人往往关心提高效率和降低成本，营销经理则追求营业额与收入增加的机会。③时间取向不同。营销人员往往采取短期导向，关注短期性的情况，而作业人员则着眼于新技术及新作业程序引进的长期导向。④在既有作业中加入新服务产品的认同不同。

自营销观点引进的新服务产品并不一定是相容的，而且不一定与既有的作业系统相适合。如何克服功能间的冲突呢？一般可采取以下几种方式：①功能间转移（Inter Function Transfers）。用工作轮调方式让员工能在不同功能组织间保持流动。②任务小组。可成立任务小组，以整合各种不同功能性观点，并解决功能间的冲突。③新任务新员工。为现有员工重新定向，并从其他单位甚至是企业外引进新人。④在工作现场培养营销导向。在工作现场负责的经理人可经由以下方式激励其员工增强消费者导向：分散营业收入责任，建立成本基准评估制；对内营销，欲使各种服务产品的创新赢得合作、支持与接受，除了需要对外营销，也需要进行对内营销；以程序手册来控制，如将消费者导向的服务程序以及控制方式，均编制成程序手册，以供遵照使用。组织内冲突通常源于服务作业的性质及其结构，如许多地点作业的服务业都采用直线与小组的组织方式。即每一作业地点都有一个经理人负责，每一个经理人的激励方式当然都会考虑每一作业地点决定权的大小以及总公司的控制程度与影响力。有些服务业需要给分店营运经理以较高程度的授权以及其自身高度的自发性和机动性。另外，有些从事较标准化类型的服务业，则可能需要严格奉行总公司制定的程序和标准，并不需要分店经理人拥有太多的自主权。

排队管理是服务企业在服务过程的管理中的重要一环，也是服务企业调节服务供求矛盾的重要方法。排队是指等待消费服务的顾客在进入点前排队。当需求超过服务企业的运作能力时就会出现排队。当难以预料顾客要求服务的时间或当无法预料服务的持续时间时，排队现象就容易出现。排队现象的出现有其客观原因，在企业设计服务过程、调节服务的供需关系时就考虑一定量的排队现象的必要。企业为了降低成本，提高企业服务的生产能力的利用率必须考虑让顾客进行一定时间的等待。同时，受客观条件的影响（如设备等），顾客的等待也是必然出现的。长时间的等待就像劣质产品一样会损害企业的形象，会损害企业与顾客之间的关系。所以对服务企业来说，必须了解需求的高峰出现的时机以及有可能带来的顾客等待，必须选择适当的运作能力以避免长时间的等待。当顾客必须等待时，要倾尽全力缩短顾客能意识到的等待时间。顾客等待的耐性主要由两方面决定：一是主观上感受到的时间；二是顾客期望的时间。主观上感受到的时间与实际等待的时间是有很大差别的，在不同条件下等待，同样一分钟可以使人感觉到很短或者是漫长无比。而顾客期望的时间则取决于多方面，如顾客的时间价值观念或者服务的价值等。如在星期六下午或圣诞节前夕到大商场，顾客就已经在心理上准备了要在收款台前等待了。实际上，在服务中，顾客等待时的心情是非常重要的，这会影响顾客主观上感受到的时间，从而缩短期望的时间与感受到的时间的差距。在服务过程的排队管理中，管理者需要花费很大一部分精力考虑如何适当处理排队现象，并使等待看起来短一些。

二、服务模块化

（一）模块化

模块化作为一种新的理论和方法，不仅成为很多行业、企业适应市场需求变化的生产方式，也越来越成为一些企业适应市场需求变化的组织创新模式，从而引起组织模式改变和产业结构变革。模块化是一个半自律性的子系统，通过和其他子系统按照一定的规则相互联系而构成更加复杂的系统或过程（青木昌彦等，2003）。模块化包括系统的分解与集成，是一个追求创新效率与节约交易费用的分工形式。它可以使复杂的系统问题简单化、耗时的工期高效化、集中的决策分散化。在模块化过程中系统有机会在不损失功能性的同时来混合、匹配其部件（Baldwin & Clark，1997）。模块化系统展示了"把若干个独立设计的子系统整合起来构建一个复杂的产品或过程，使他们成为一个整体的特色和优势"（Miozzo & Grimshaw，2005）。模块化是各个高度自律性的分部，就相当于一个个内部市场，在不违反界面联系规则的前提下可以自主创新，而不再是传统意义上完全依附于总部的科层单位（李海舰等，2004）。模块化是一种新型价值实现过程，主要通过两种方式实现：一是按照系统的界面规则将复杂系统分解为若干结构和功能独立的模块单元，实现价值模块功能的集成性和独立性；二是将各独立的模块单元按照新的系统界面规则进行重组以适应新的价值需求。

就产业模块化而言，它是生产模块化和组织模块化演进的结果。青木昌彦等（2003）更认为，新产业结构的本质就是模块化。随着多个企业层面生产模块化和组织模块化的进行，一个企业的某些模块产品或模块组织兼容、嵌入其他企业的产品或组织中，使该产业价值链不断变厚，从而引发相关的全部企业进行跨产业的重构，推动产业结构在全球范围内调整、转移和升级，使跨国公司全球战略得以实施，也使产业集群更盛行。例如，因 IT 产业集群而闻名的美国硅谷就被青木昌彦称为"模块的集约地"。产业模块化是拉动力（需求的多样性）、推动力（公司能力的差异性、技术选择的多样性、投入品的多样性）和催化力（技术标准获得性、技术变化的速度、竞争强度）三力联合推动的产物（Schilling & Steensma，2001）。产业模块化就是将产业链中的每个工序分别按一定的块进行调整和分割，它以功能标准化为本质特征，不仅保持了产业标准化的优势，也有效地克服了其内在劣势（胡晓鹏，2005）。说到底，产业模块化不仅是对产业标准化的升级，也是对产业标准化的整合。产业模块化分为三个相互依存的层次：产品体系或产品设计的模块化；制造、生产的模块化；组织形式或功能的模块化。产业模块化可以实现产业内的系统整合，价值链各环节均可实现价值增值（徐宏玲，2006）。

（二）模块化对服务的影响

服务的个性化、服务产品种类的多样化、服务产品生命周期的不缩短和竞争的日益加剧，迫切要求形成标准服务模块来实现个性化、多样化及效率和成本之间的平衡。服务模块化能顺利实现服务模块在全球范围内的拆分与整合，促使区域经济体迅速融入全球价值链，促进服务外包、服务业对外直接投资及服务功能集聚区的建立与形成。模块化对服务的影响具体表现在以下两个方面。

1. 模块化使服务价值向效率高端转移

这表现在两个方面：一是价值流向标准服务制造商。信息革命使消费者的需求日益复杂化，这一趋势加速了市场转型。这时，市场行为方式与以前有所不同。一方面，产品的网络外部性会产生锁定效应，导致众多模块服务制造商和系统集成商采用统一标准的模块化构件；另一方面，"快鱼吃慢鱼"的规则和市场知识产权保护的加强也导致了赢者"通吃"的局面。所以，如今的市场往往是唯一的标准制定者占支配地位。Intel 公司是具有垄断结构的标准制造商最好的例子。二是价值流向服务模块系统集成商。随着技术的发展，当产品性能已经能满足大多数顾客的需求后，企业纷纷把竞争重点放在了产品的个性化定制与创造体验价值上，垂直整合不但没有优势，反而成了劣势。这时，模块化整合就可以发挥优势。服务模块设计者与系统集成商以共享的、统一的界面为标准，通过自己的社会资本、知识与信息优势组建扁平状的虚拟组织，以较低成本在全球整合资源。根据能力聚集效应（Capacity Pooling Effect）理论，有竞争优势的模块系统集成商能与优质的模块供应商结合起来，把自己的创意转化为产品；而模块供应者也会选择与有品牌优势的模块系统集成商进行合作。于是，在品牌竞争中获胜的模块系统集成商就可以形成较高的产业组织利润。

2. 模块化带来了服务创新路径的改变

在产业服务模块化体系中，产业整体的服务创新能力、创新速度和创新活力都较高。具体来讲，这种服务创新力有产品创新力和产业组织创新力两种路径。从产品创新力上讲，在功能标准主导的服务模块化产业体系里，新产品是由许多的通用模块和少量的专用模块组成，新产品的创新转化为少量新（专用）模块的创新过程。因此，按照产业服务模块化原理进行的新产品设计，不仅会大幅度降低设计的经济成本，也会快速地提高产品创新的能力。从产业组织创新力上讲，功能标准使产业组织形成了按模块化层次划分的功能性专业化结构，该结构不但具有显著的立体网络型组织结构的特征，而且具有开放式的特征。在模块化市场方式中，模块系统都是"即插即用"的模块，产业升级只需更换系统的某个模块，每个模块又是独立设计、生产的，某一模块的实验不会对产业产生系统性风险。此外，在"背对背"竞争机制的驱动下，服务模块之间的竞争又非常激烈，产业组织服务体系呈现出强烈的模块化创新效应。因此，服务模块创新速度非常快，产品开发周期短。总之，从技术标准到功能标准的转换，其实也是产业服务创新路径的转换。

（三）服务模块化

服务模块化的理论研究还处于萌芽阶段，国内外学者按照模块化的思路，通过理论演绎和定性刻画等研究方法对服务模块化现象进行观察，从不同的角度对服务模块化问题进行了不同层面的分析，较全面地诠释了服务模块化的特性、动因、分类分层、可行性、效率及边界、治理、运行和价值创造等问题。这些研究既有"术"方面的研究（如关于服务模块化流程再造、服务模块化平台方法及前后台方法等），又有"道"方面的研究（如用服务模块化思想构建新的服务战略和商业模式等）。

与服务模块化相关的研究主要有服务模块化的内涵与特性、必要性和动因、价值创造、运行与治理四个方面。

1. 服务模块化的内涵与特性

服务模块化就是将服务产品进行标准化，并由顾客加以组合的过程，大型服务企业会越来越模块化，以期同时获得标准化所带来的生产率优势和定制化所带来的顾客满意优势（Sundbo，1994，2002）。对于服务企业而言，服务模块化在一些交易费用较低的地方创造了一些新的交叉边界，这些边界为竞争者提供了进入点和突破点（Candi & Saemundsson，2008）。相比传统的制造模块化，服务模块化的特性为：各个基本服务模块之间是紧密结合的，而且要遵循严格的先后排列顺序；模块与模块之间的相互依赖程度较高、沟通性和协调性较强；各模块功能的实现可以通过自营或共享的方式实现（林娟娟，2010）。

2. 服务模块化的必要性和动因

学术界普遍认为，服务模块化的必要性和动因主要源于需求、创新和技术三要素。Schilling 和 Steensma（2001）最早指出，服务模块化的动力机制源于推动力（公司能力的差异性）、拉动力（需求的多样性）和催化力（技术标准获得性、技术变化的速度和竞争强度）。Tether 等（2001）基于服务标准化与个性化，通过对德国服务业的实证研究数据表明，技术因素和市场因素对服务模块化组合有重要影响。夏辉等（2008）提出，服务模块化最重要的拉动力是服务需求，而投入品的多样性、技术选择的多样性、组织价值网络以及日益加剧的成本压力是服务模块化的重要推动力量。薛求知等（2010）则从创新动力角度出发，探讨了服务型跨国公司模块化不断向高级演化的机理，由此构建了服务型跨国公司模块化发展与服务业国际转移关系的模型。

3. 服务模块化的价值创造

学者们均借用价值链这个工具来探究服务模块化的价值创造。刘志阳等（2007）基于模块化银行卡的产业价值创新，从价值链到价值群，对模块化理论在银行业的应用进行了探讨。崔金秀（2009，2010）认为，服务模块化组织中模块大小的划分是按照营销价值链依次分解为选择顾客价值、创造顾客价值、传递顾客价值模块，在每个价值模块中包含着各个服务流程模块。吴照云和余长春（2011）则以价值链这一产业组织形式为立足点，找出了服务与价值链耦合的八大模块，并对各模块的内涵、功能及升级等问题进行了深入剖析，这对基于价值链进行系统的服务价值创新提供了基本的思路和方法。

4. 服务模块化的运行与治理

多数成果运用平台方法或站在产业组织的角度对服务模块化的运行及治理进行了有益的探索。Meyer 和 DeTore（1999，2001）将制造业产品平台设计原则应用于新服务产品的开发，并结合再保险公司的案例诠释了再保险服务产品平台的建立过程和相应服务提供流程的改进措施。Pekkarinen 和 Ulkuniemi（2008）提出，服务、流程、组织和顾客界面四个维度组成了模块化的服务平台。Metters 和 Vargas（2000）在对金融企业的流程设计研究基础上提出，依据是否被顾客所见，服务过程可分为互动部分（前台）和支持部分（后台）。Menor 等（2002）指出，利用产品架构和模块化理论进行服务产品开发将是未来非常重要的研究热点，而前后台方法是实现服务模块化的有效方法。Safizadeh 等（2003）认为，前后台分离是服务组织应对服务提供中顾客接触这一特点而采用的服务系统设计方式，即从空间上把服务系统分离成前台和后台两个部分，在前台与顾客进行接触并提供服务，在后台开展高效率的无顾客干扰的支持性工作。Blok 等（2010）通过案例研究方法分析了医疗保健行业的服务流程的前后台分离和模块化的问题。苏晓燕等（2005）认为，服务模块化产业组织治理的重点是构建有效的激励—约束机制，站在管理学立场，应建立模块化组织内部之间的学习机制，并有效运用激励、控制和创新等手段来强化对服务模块化组织的治理。聂莉（2006）研究了我国金融服务模块化治理的创新，分析了金融服务业的产业机构与模块化的关系，运用模块化理论提出了我国金融业的再造思路。赵愚等（2008）从价值链、企业边界和顾客接触三个维度分析了服务业的模块化运营。刘海明（2011）则指出，存在三种适合服务模块化组织的协调机制：界面管理机制、信任机制和知识共享机制，并系统地分析了服务模块化组织三种协调机制的实现路径。余长春和吴照云（2012）根植于民航业，通过探索性案例分析，从分工、集成与界面三维度探究了服务模块化运行中的价值创造问题，这也为价值创造视野下产业服务模块化运行提供了有益的路径。

第三章 服务模块化与制造模块化价值创造的差异性

青木昌彦和安藤晴彦（2003）认为，新产业结构的本质就是模块化。模块化在制造业中的应用范围已非常广泛，且持续时间长久，形成了从设计模块化到生产模块化、组织模块化和产业模块化较完整的制造模块化理论体系。Noor 等（2013）认为，制造模块化是制造产品设计过程的有效整合，它能够加速产品的生产流程。陈永亮和徐燕（1999）认为，制造模块化是在产品的制造过程中运用模块化理论，以实现制造要素的分解与整合。徐宏玲和李双海（2005）认为，制造模块化的基本原理就是按照模块化思想将制造流程分解为结构和作用相互独立的标准单元模块，然后按照制造模块化产品的特定需求进行模块化组合，使制造系统能够方便快速地适应新产品的制造需求环境。

模块化在制造业中的成功运用也引发了服务业对模块化的实践。随着信息技术的发展以及产业结构的调整，服务业所占比重不断提高，服务模块化思想开始被应用于金融、医疗、通信、旅游等服务行业，学术界也开始研究服务模块化的相关议题。Sundbo（1994）首先指出应该像传统制造业一样，在行业升级改造的过程中将模块化的思想引入服务业。Peters 和 Saidin（2000）从大规模定制角度，结合 IBM 服务部门的案例对服务模块化可行性进行研究。应丽君（2006）把模块化思想运用于会展服务中，设计出会展服务流程链模块化管理模式（OSL）。王圣果等（2007）将服务定制的模块化思想与传统的中式餐饮业结合，创新了传统中式餐饮服务模式。

　　关于服务模块化的内涵，学术界的认识尚不统一。有些学者从产品、流程、组织等服务要素分解的视角来理解服务模块化。例如，吴照云等（2012）从三个维度来阐释服务模块化：一是引进工科的学术思想，将整个服务系统解构成若干个独立或耦合的模块，这属于企业组织内部服务系统的模块化；二是从管理学科出发，从组织职能入手，形成具有某一服务功能的模块化组织，这属于企业组织层面的模块化；三是从产业组织层面来分析服务模块化，即服务产业模块化。李秉翰（2010）通过离散事件的层次解构方法，将服务模块化定义为复杂服务系统分解为数个由资源要素所组成的人员、技术、信息、硬件设备设施等模块的过程。夏辉和薛求知（2010）从服务流程角度认为，服务模块化是指对服务产品的流程进行模块化分解和整合来构成不同服务产品，以满足市场不同需求的一系列活动的集合。

　　大多数学者对模块化的研究集中于从界面、分工、耦合、集成、定制化水平五个方面进行诠释。例如，Blok 等（2014）第一次从界面的角度分析服务模块化，认为服务模块化是各种要素通过界面进行替代和交换的过程，这些界面包含人、信息以及掌控信息的各种规则等。李秉翰（2010）从分工与集成角度认为，服务模块化源于制造模块化，其服务过程可以视为许多离散性事件的集合，各个服务要素在分离的事件中发挥其效用，并完成服务行为的协作。李世杰和李凯（2010）从耦合角度将服务模块化定义为不同服务模块由于内在技术衔接和价值形成关联，而彼此紧密配合的过程。

　　本书尝试从模块化分工、模块化集成、模块化界面、模块化耦合程度、模块化定制水平五个维度将服务模块化与制造模块化的价值创造特性展开对比，力求更清晰、明确地认识服务模块化的本质特征。

一、模块化分工的差异

（一）制造模块化分工

制造模块化分工是以制造业以及制造业企业为对象，将生产计划、原料采购、工艺设计、工装制备、产品组装、产品测验和成品交付等流程分解为若干个独立或耦合的模块，从而实现各模块在标准化界面上的有序分工。制造模块化侧重模块化生产的分工，以使企业的生产运作更加便利高效，分工的路径为有形产品的生产工序（见表3-1）。

表3-1 制造模块化分工的内涵与应用

分工维度	内涵	产业应用
工艺设计	通过机械加工使毛坯产品的形态、尺寸、位置、性能等发生变化以符合标准零件要求的过程	刀具、模具的模块化设计，刀具的角度、锥柄或直柄、量具的测量部分与柄部等要素模块的标准化，不仅可以简化刀、量具的设计，并且有利于刀、量具的制造工艺的标准化
工装制备	针对不同类型产品的零件、部件和组件，制造专用工艺装备（如刀具、卡具、检具、量具等）的过程	飞机生产厂商为了降低成本而采用大量标准件，这是飞机工装制造模块化的鲜明体现
产品组装	将各个制造模块单元（如配件、零件、部件）系统整合组成最终产品的过程	苹果A6芯片由苹果自行设计；电池部分由索尼生产或国内厂家负责代工；无线开关由日本的村田制作所生产；音频芯片由美国的Cirrus Logic生产；GSM/WCDMA/CDMA/LTE功率放大器来自美国的Skyworks、Triquint、Avago

分工维度	内涵	产业应用
产品测试	对初成品进行外观、性能、精准度、安全度等方面进行检查与试验	PRO8 系列是一款菜单驱动的产品测试灵活平台，使用记忆符号可以方便地读取所有产品操作参数，可自动识别产品的每个功能模块

（二）服务模块化分工

服务模块化分工是指将服务系统的职能、流程和感知对象等因素进行模块化分解和设计，使各个相互耦合且保持一定独立性的服务模块通过重新协作调整促进整体服务系统高效运转。服务模块化既要顾及生产，也要注重消费者的需求，因而往往是把消费者和企业合并起来进行模块化解构，把服务系统解构为若干服务工序，这些生产工序具有结构和功能上的独立性，分工的路径为知识或信息生产。服务的无形性和不可储存等特性，致使服务模块化需要借助信息和通信技术进行服务工序的分工。在互联网技术环境下，服务模块化通过网络数字化管理功能的平台，打破标准化界面分工的局限性，实现服务模块化分工的智能化，从而在标准化和规模化中体现个性化和差异化价值。我们可以从服务程序、服务产品、服务目标和服务机能这四个维度来考察服务模块化分工（见表 3 - 2）。

表 3 - 2　服务模块化分工的内涵与应用

分工维度	内涵	产业应用
服务程序模块化	将紧密耦合的程序体系分解为子程序模块，确立界面规则，使子程序模块形成适应范围广、松散耦合的程序体系的过程	快递服务业将快递服务程序分为取件、中转、派件、全球计算机信息管理平台和后续服务五大功能模块

续表

分工维度	内涵	产业应用
服务产品模块化	依据特定架构规则将产品系统分解为多个独立发展并能协同工作的模块的行为，这是基于制造产品生产技术的服务性延伸，旨在实现产品的多样性和个性化	电信行业融合套餐将产品分为宽带、手机、固话三大功能，提高了服务产品的专业化水平
服务目标模块化	通过服务好内部目标员工和外部目标顾客而提升内外部服务质量的过程	中航信通过推行"内部讲堂"、"在线测试系统"等培训项目来增加新员工经验的积累；民航业针对不同的顾客设立专门的服务模块。对初次体验的顾客主要提供航空知识培训与顾客的情绪疏导等服务项目；对乘机经验丰富的客户主要有客户关系管理服务模块
服务机能模块化	根据客户个性化需求，通过系统应有的作用和能力不断推出创新服务等功能模块的过程	金融企业通过计算机技术并利用先进的科学方法把金融理财产品分割成更小的单元，这些小单元被重构后，又可以衍生出创新功能的金融产品

二、模块化集成的差异

模块化集成是系统内外功能整合的过程，它把各子系统集中在统一的操作平台来实现产品或服务共享和融合，从而易于协调系统整体的运行。综合来看，主要存在技术形态的集成、组织形态的集成、知识形态的集成三种集成方式。基于模块化集成角度对比分析服务模块化与制造模块化，更利于打造符合自身特点的组织整合范式。

（一）技术形态的集成

制造模块化主要借助实体平台或组织架构，由主承包商对各分包商进行总体集成或部分集成，使各模块主体以及子模块聚合起来，主承包商依赖领先或独有的技术充当项目发起、总体设计和系统集成角色，分包商则充当原材料供应或零配件制造角色，这多为"实实"集成。中航洪都集团承接的 C919 大飞机项目，中航洪都集团属于主承包商，其他公司则为分包商，借助先进飞机整合技术，中航洪都集团能够把分包商集成起来。服务模块化借助互联网及通信技术可以实现虚拟产品之间、虚拟经营之间的集成，而且虚实结合。对于企业来说，通过自身网站或者其他电子商务平台进行线上展示和推广，用户则根据自身需求进行信息浏览、购买决策、下单购买和线上支付，并进行线下取货或进入实体店铺开始服务体验，实现了产品线上虚拟服务与线下现实服务体验的一体化。爱样品网是一家为消费者提供免费样品线下领取的网站。与导购网站纯线上逻辑不同，爱样品是提供落地服务，通过形成从线上到线下的闭环，说服上游商家，从下游给予消费者眼见为实的质量保证。

（二）组织形态的集成

制造模块化的组织形态的集成主要体现在对单个模块主体内部子模块的有效管理，实现整个产品制造流程的一体化及有序化。海尔运用统一对外原则，将原来各部门相互独立的工艺制造模块进行系统整合，由此实现统一向顾客提供产品开发、生产、零部件采购等业务的同步化。对于服务模块化，其组织形态的集成既有内部子模块之间的有序管理，也有通过互联网或通信技术实现内外服务模块之间的合作互动，使组织边界延伸到顾客或市场的其他利益主体，产生别具一格的商业模式。阿里巴巴旗下的支付宝公司与天弘基金公司合作，将其组织边界拓展，通过所建立的余额宝，用 1 年时间创下 5000 亿元的管理规模，用户人数超过 1 亿人，并带动百度百赚利、博时现金宝、微信银行闪电理财通等互联网基金宝产品快速发展，形成金融领域壮观的"宝宝"兵团。

（三）知识形态的集成

就制造模块化而言，知识要素多集中在制造模块内部及彼此间进行分享，其知识能力多表现为在企业内部模块之间流通，往往带有"封闭性"。丰田模块制造商内部通过隐藏的信息，维护其核心制造技术的知识产权保护，从而提高公司核心竞争力。对于服务模块化，其知识集成在一定程度上表现出开放、平等、协作、共享的互联网精神。具体体现为：①服务模块主体内部的知识集成。微软 Surface Phone 的目标用户主要是商务人士，其市场用户只有 7500 万人，但由于 Windows 的 Outlook、Office 和 Lynk 等应用模块集成在移动手机上，微软在商务领域有了很多忠实的粉丝。②服务模块与顾客之间的知识集成。芝加哥的 Threadless T 恤衫公司鼓励访客通过 Threadless. com 网站提交他们的设计作品，然后由另一些顾客通过公司内部联通的互联网平台对这些顾客进行打分，筛选出得分最高的图案被印在 T 恤衫上销售。这种网络知识系统共享的方式实现了服务产品的集成创新。

三、模块化界面的差异

模块化界面是内部成员模块之间交互作用的通道、介质、方式或规则，代表了相互之间信息流、物质流、知识流双向传递的机制。制造模块与服务模块不同的界面决定了其模块化过程与方式的不同。二者的对偶性与共生性均有不同的表现形态。

（一）对偶界面

制造模块界面的标准化与系列化，在一定程度上决定了其关联界面表现形式的对偶特征。对偶界面强调关联界面之间的通用、匹配关系，即界面联结双方在性能、规模、业务上能够很好地配对。这就要求联结双方在节点类型、运行流程、要素特点等方面保持较高的一致性与协调性；反之，这种一致性与协调性也通过对偶关系来实现。在制造模块化企业，生产具有一定加工深度的标准和通用零部组件产品是主要任务，为了满足产品的广泛适用性和缩短产品的生命周期，往往通过批量生产的方式为其他企业提供加工制造产品。

对偶界面的各种有形制造要素并不是任意选取，必须要保持其协同专一性与系列标准性，即某一项要素一旦投入到关系联结中，将只能用于此对偶界面，并且只有与此对偶界面的某些要素资产组合，才能创造协同价值。因而，对偶界面主要存在于单个制造模块主体内部以及多个制造模块化主体之间。①单个制造模块主体内部的对偶界面。制造模块内部的对偶界面制约着制造流程体系的运转效率和效果。发现号航天飞机制造流程具有显著的对偶性，飞机前舱模块、中段机身模块、后段机身模块及机翼安装模块之间存在多个对偶界面，对偶界面的联结顺序是固定的，通过对偶界面上各个标准化、系列化的零部件的相互联结，最终形成整个机身系统。②多个制造模块化主体之间的对偶界面。制造模块化主体之间的对偶界面将关系密切的异模块体的制造流程有机地联系在一起。"园区合作共建交流对接"是指相关智能制造装备企业融合发展。智能制造技术和工业机器人技术的应用，使制造模块主体之间要素的相似性和标准性增强，提升了其对偶关系，从而使相关智能制造产业园区间的跨区域合作成为可能。

（二）共生界面

Blok 等（2014）第一次从界面的角度分析服务模块化，认为服务模块化是各种要素通过界面进行替代和交换的过程，这些界面包含人、信息以及掌控信息的各种规则等。与制造模块化界面的标准化范式不同，服务模块化界面强调能够按照预先设定的方式将不同服务模块之间的知识能力要素相互融合、相互渗透，由此产生一种共生界面，从而形成全新的服务组合模式和资源整合范式。

在服务模块化企业，平等、开放与共享的理念使服务模块通过共生界面进行联结能够促进服务模块主体之间以及服务模块与顾客之间的知识能力要素的对流与融合，从而产生智能化的服务方式。因此，共生界面既存在于服务模块之间，也存在于服务模块与顾客之间，表现出一定的融合性和开放度。①服务模块之间的共生界面。服务模块之间的共生界面制约着服务流程体系的运转效率和效果。以金融服务业为例，服务模块之间的共生界面存在于金融业内部各个服务模块的组织安排中，如自助设备服务模块、手机银行服务模块、证券交易服务模块和银行抵押服务模块等通过在诸如电子商务的信息基础平台上实现整个服务模块系统的互联。服务共生界面也存在于服务模块化主体之间，如中信银行与百度联合发起设立直销银行。中信银行主要负责产品的创新、设定，风险的控制以及客户的激励和管理等方面的工作，而百度则发挥其大数据处理以及场景化设计的优势。两个母公司的优势结合真正实现百姓理财和大众服务的市场定位。②服务模块与顾客之间的共生界面。在服务模块化企业，顾客能接触到的服务感知都属于顾客与服务模块之间的共生界面。服务模块之间彼此依赖，相互融合，构成一体化的顾客服务体系，创造的价值往往大于单个模块创造价值的总和。为迎合游客需求、推动"旅游＋互联网"的战略，途牛旅游网从2015年2月4日起推出"牛对兑"，为有出国意愿的人提供网上货币兑换业务，将旅游目的地的线上与线下数据打通，同时基于上亿的用户量数据为旅游目的地提供大数据服务。

四、模块化耦合程度的差异

模块化耦合是指以特定的规则将各个模块有效地联结起来进行信息传递，以达到共同协作的过程。模块的耦合程度主要取决于模块接口的复杂程度和模块调用方式的灵活性两个因素。制造模块化与服务模块化在模块接口的复杂程度与模块调用方式的灵活性两个维度存在差异。

（一）模块接口的复杂程度

在制造模块化中，制造模块接口通常是有形的，因而较容易被一致化，即具有相同性能的模块接口应采用一致的几何形状接口；对于接口系列相同的模块，也应采用相似的几何形状接口。统一的接口规格在相同行业或合作企业之间已经成为一种共识或准则，在模块与模块的联结中只需按照这种标准即可，大大降低了接口联结的复杂性，从而使制造模块之间的耦合程度提高。在汽车制造业中，模块化设计通常包括两个方面：一是对于模块的零部件的标准化、系列化、通用化的设计；二是接口的设计，为了方便各个零部件之间的有序结合，在零部件上设计标准化、系列化的接口装置或额外设计一个接口。制造模块化的高耦合度致使模块之间的独立性降低，在一定程度上阻碍了制造模块化组织的运作。

在服务模块化中，服务模块接口可以是各种信息、信号以及程序，其无形性使得服务模块很难像制造模块一样形成统一的标准界面，从而降低了服务模块之间的耦合程度。在金融、信息、研发、IT这样的知识密集型服务行业，处理的主要是各种知识能力要素，知识信息的无形性与多样性使各服务模块主体之间往往不具备形成系列化、标准化接口的诸多因素，从而降低了服务企业内部各服务模块联结的机会主义。但这些知识信息被数字化、软件化、智能化接收、处理和传输之后，反而更容易在全球进行模块分解和整合，保持了服务模块之间的独立性和灵活性。因此，其可能某一服务流程研发中心在美国，信息处理系统在日本，客户服务在中国，核心技术服务在母国，从而实现服务企业经济高效的全球化布局。

（二）模块调用方式的灵活性

制造模块化运用现代化的信息、新材料、柔性制造等技术，根据企业对客户的需求，将不同模块进行替代和匹配形成多样化的产品组合。制造模块化所依赖的柔性生产系统的产能很难进行调整，其柔性限制在一定范围内，难以兼容各种技术界面的模块，系统重组困难，致使制造模块彼此的依赖性增强，从而提高了制造模块之间的耦合程度。为了满足工件高速切削和传输的精准要求，汽车床身系统各功能模块的连接必须采用系列化、标准化设计，以方便汽车工装各功能模块的重复性连接，确保重构后的制造模块单元的精准度与可靠性。这种依托标准化的柔性生产设计往往不能有效实现产能的灵活调节。

服务模块化运用人工智能、数字服务、物联网等技术，将顾客根据自己偏好选择的不同界面的服务模块进行重组构成个性化的服务产品。服务模块化所依赖的主要服务系统是可重构的，可以在柔性生产系统的基础上进一步解决顾客需求千差万别的矛盾，并实现服务模块的灵活调用，从而降低服务模块之间的耦合程度。第四代移动通信可以跨越不同频带宽度的网络，在不同固定无线平台中提供无线服务，可以在包括卫星通信和平流层通信在内的任意地方用宽带接入互联网，宽带局域网能与 B – ISDN 和 ATM 兼容，形成多媒体通信的综合宽带网络。整个 4G 移动通信服务系统被模块化，成为一个开放的架构，被模块化的服务系统可以通过基于不同界面的模块重组产生多样化的服务产品，实现产能的灵活调节。

五、模块化定制水平的差异

模块化定制水平是指按顾客自身要求，为其提供适合其需求的，同时也是顾客满意的模块化产品或服务的能力，主要表现在定制范式和定制技术两个方面。从模块化定制水平的角度对比分析服务模块化与制造模块化，有助于了解服务模块化与制造模块化在满足顾客需求方面所采用定制模式的差异性。

（一）定制范式

为了提高产品的生产效率、降低生产成本以及满足客户的个性化需求，制造模块化企业往往通过大规模定制的方式来实现。大规模定制是由信息技术与制造技术融合催生的一场生产方式变革，其基本思路是企业根据对客户需求的理解，重构产品架构和制造流程，进行产品设计，然后按照设计方案提供可能的产品组合，最后由顾客进行产品选择。例如，型牌男装通过互联网提供给顾客两个服装定制模块：一是号型模块；二是样品模块。在号型方面，顾客可以通过型牌提供的 3 个不同的尺寸，选择一个适合自己的服装号型；在样品方面，型牌网会预先设计并制造出所有产品样品，将其拍摄成照片放到网上，顾客输入号型即可定制某款样品。相对来说，顾客在大规模定制范式中属于较被动的一方。

对于服务模块化企业，顾客服务感知与服务生产过程紧密相连，贯穿服务产品生产的全过程，个性化定制就是顾客介入服务产品生产过程的一种新型范式，其关键创新点在于，根据服务产品功能设计的要求构建包含服务模块序列和界面标准在内的开放式架构，顾客可以按照自己的偏好选择独特的服务模块，组合构成个性化的服务产品。在小米看来，客户不应该在被动接受或仅仅从企业给出的服务产品类型中选择自己喜好的服务产品，而应该成为参与技术研发的伙伴。因此，小米通过向粉丝提供智能研发平台，让其亲自参与手机系统的设计开发，并持续在线整合更新粉丝的反馈意见。在 60 万小米发烧友的参与下，小米手机实现了顾客需求个性化的创新。

（二）定制技术

"互联网＋"作为一种新的技术工具，在促进制造模块化与服务模块化生产要素的优化与集成方面表现出不同的技术应用特性。

基于"互联网＋"，制造模块化企业的定制技术向着智能化和服务化的方向发展，通过研发设计数字化、工艺装备数控化、生产流程智能化以及变制造工厂为智能工厂的方式来培育智能定制。以 i5 机床数控系统的研发为例，机床数控研发中心依托互联网摆脱了运动控制 CNC、数字伺服驱动技术等核心底层技术，实现智能分工、智能集成、智能控制和智能管理，形成了"互联网＋智能定制"的战略格局，满足了特殊用户的定制化需求。

基于"互联网＋服务"，凭借充裕的开放性和多样性，服务模块化方式能够提供更具个性化的服务产品：通过发展智能物流、电子商务等，降低服务产品定制成本、丰富服务产品定制方式；通过研发设计、信息软件、绿色环保等社会服务为用户提供完整的服务产品定制方案。信息鸿沟的缩短使用户主动寻求自己想要的服务定制模式，而服务商也可以通过更加灵活与更加互动的方式，主动挖掘用户的需求特点，进行及时性的改进，输出服务质量更高和更便捷的定制方式。例如，为了打造高品质的度假体验模式，绿卡网致力于将集团旗下的多元业态（如地产、酒店、旅游、娱乐、文化等）与互联网融于一体，打造一种全新的会员专享式旅游度假新模式（线下：专为会员制定的高端旅游度假体验服务；线上：会员专享"一站式"绿卡服务）。会员专享，对顾客来说，是对旅游度假时代个性化和定制化服务的体验；而对绿卡网来说，高品质的差异化服务有利于提升企业的核心竞争力。

第四章　服务模块化对价值创造的影响机理

一、服务模块化对价值创造影响的理论分析

（一）服务模块化的价值创造过程

现在的服务模块化价值创造过程多数集中在制造业，针对服务业进行探讨的研究还不多见，Henderson（1990）认为，服务模块化的价值创造过程可分为两部分：一是清晰的界面设定和服务模块之间的结构关系组合，也就是构架创新；二是通过模块之间较低的依赖关系达到服务创新的目的。Langlois（2002）则认为，在服务模块化的价值创造过程中存在服务模块的分解和集成两部分。Ulrich（1995）认为，服务模块化的价值创造应该分四步走，分别是概念创造、顶层设计、细节构造和调试。Sanchez（1999）提出了服务模块化的3D模型，即定义、设计和开发三个阶段。首先，模块设计者需要通过对服务元素进行定义，以此来界定其在服务体系中的功能特性，这种界定可以决定是否将其特性提取出来，适当地添加在

模块化的整体构架之中以适应多样化需求。其次，服务系统的构架是整个服务系统模块化成功的关键，通过服务元素的合理设计可以肢解整个构架，以期能够详细地界定构架之中各个系统之间的关系，并将其标准化。最后，经过标准化后的服务构架里服务元素可以组建的形式被开发出来。Mikkola（2007）认为，服务模块化的关键在于服务平台的设计，也就是服务构架的设计，进行服务元素的标准化界定可以完成大规模定制。Meyer（2001）通过再保险业务的分析发现，再保险业务解决方案中的平台搭建是一种将保险知识编码并与精算技巧结合的服务模块。Jiao 等（2003）提出大规模定制的服务系统设计有三个步骤：第一步需要明确消费者的消费需求，这就要求服务企业能够将顾客的消费需求进行层级式划分，以达到明确界定的目的。第二步要求服务企业能够在系统中选择那些能够保持相对稳定的服务结构。第三步需要服务企业能够不断完善服务流程中有关的设备调试、人员培训等。

相对于成熟的制造业模块化来说，服务的三性（无形性、同步性和异质性），让服务模块化的价值创造过程变得抽象，在服务模块化理论运用较多的金融和 IT 业相关的研究较少见，主要是因为知识产权的保护使得服务系统的顶层设计和服务模块设计方法难以被挖掘。

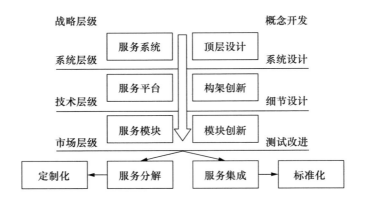

图 4 - 1　服务模块化的价值创造过程

从图 4-1 可以看出，服务模块化的价值创造是一种由顶层到底层的创新过程，完成服务模块化的同时也就完成了服务分解和服务集成。在市场服务需求或者服务反馈的基础上，服务系统开发商需要对服务的顶层进行设计或者对原有的服务系统进行改进，前者是构造服务平台，后者是组合服务模块。通过前者，顶层设计者可以规划服务过程中能够进行模块化的元素，并为此打造专属的服务接口，形成一个个松耦合的弱关系结构，在服务体验的试错与反馈中进入后者的调试过程。后者则不考虑构架问题，而专攻服务模块的创新，通过标准界面的协调以进行单个模块的独立创新和整体系统的协调创新。

在服务产业内容不断丰富的今天，服务与制造的产业界限开始变得模糊，传统的制造业开始与新兴服务业彼此交融，这种交融在一定程度上导致制造业在某些方面往往都带有服务元素，而服务业也离不开制造业的支持，因此在研究服务模块化的时候，往往带有模块化的影子。服务模块化作为一种模块化在服务系统中的具体表现，与模块化有着千丝万缕的关系，或者说服务模块化是在模块化的基础上发展起来的，服务模块化的内生属性在一定程度上就带有模块化的特点，但是在模块化的层面上有了专属的服务特点。

模块化的两个内生属性，标准界面和松散耦合关系是能够迁移到服务模块化上的，但是由于服务模块化的体验特征，即服务的生产与体验的同步性，于是服务模块化又有了与一般模块化不同的地方，服务的模块化有可能和顶层设计保持时间上的一致甚至提前，这和一般的模块化不一致，因此使得服务模块化就带有了定制化的先验性，于是本书加入了服务定制化作为服务模块化的第三个内生属性，这样就组成了服务模块化的三个内生维度，即标准界面、松散耦合和服务定制化。

同时，由于服务模块化的对象是服务产业或者其他产业中的服务元素，这些服务元素往往表征着三个维度，即产品、流程和组织，这三者是服务模块化在产业不同层次的一般存在形式，这样就组成了服务模块化的三个外生维度。

下面从服务模块化的本质要素和表现形式出发，通过内生维度和外生维度分析服务模块化是如何通过两个维度和六个方面影响价值创造的。

（二）服务模块化的内生维度

从模块化的本质出发，服务模块化是一种由构架特征、模块特征和体验特征所表征的潜因子型构成的多维概念，这三个特征在服务模块化框架内分别是整体、单个模块和顾客体验三个方面的抽象内涵，具体到服务模块化在产业应用时由标准界面、松散耦合关系和服务定制化三个方面构成。

表4-1 服务模块化内生维度基本性质

内生维度	特征	属性	构成
标准界面	构架特征	标准性	契约或者平台
松散耦合关系	模块特征	独立性	模块替换和组合
服务定制化	体验特征	多样性	体验和反馈

1. 构架特征：标准界面

标准界面是服务模块化的内生维度之一。标准界面是系统不同模块之间接触方式和交互机制的综合表现形式，标准界面里模块之间的信息交流通过业务交易、知识共享和信息传递来实现，在这种交互的作用下知识共享和转移更容易实现，从而以更低的成本完成知识创新；同时由于标准界面能够协同界面内部模块成员之间的组合交互与沟通，因而能够更好地完成成本控制。Tiwana（2008）认为，统一标准的界面能够有效地减少外部系统与发包商的相互依赖关系。Sabel（2004）指出在标准界面下，存在使整个模块系统之间无限创新的潜力和动机。Sanchez（1996）认为，标准化的模块界面设定能够对外部企业产生很大的吸引力并以此借助模块化优势实现低成本创新。Chen（2005）从模块化的界面协调角度，论证了模块化对创新的作用，建立了模块化创新的界面战略矩阵，并得出结论：系统的模块化程度其实就是界面的标准化程度的度量。因此，标准界面的设定在某种程度上决定了模块化中模块的实际价值，没有一个标准的界面，各个模块之间无法形成有效的信息与技术沟通，无法达到模块化所能达到的低成本创新和价值传递。

2. 模块特征：松散耦合关系

松散耦合关系也是服务模块化的内生维度之一。松散耦合关系是模块之间介于受控与不受控状态中间的一种特殊关系，这种关系主要呈现出模块之间的依赖性、独立性、灵活性和高效性，Orton（1990）认为，耦合是组织松耦合向紧耦合延伸的一种维度量，这种度量好比一把尺子，能够对其进程量化。当模块整体掩盖了模块的各部分特征时，该模块是紧密耦合的；当各部分特征无法表征模块的整体特征时，该模块是非耦合的。王建安（2008）认为，松与紧是对耦合的分类，而真正与紧耦合相对的本来应该是无耦合，松耦合只是中间状态。但是，无耦合的组织并不是真正的组织，所以只能把模块化组织对应于松耦合组织，而不能对应于无耦合组织。Brusuni（2001）将耦合关系分为独立性和响应性两个维度进行分析，认为独立性确保了模块的独立运行能力，响应性则是这种耦合关系的特殊作用途径。松散耦合决定了服务要素间相互影响和依赖的程度，它是结构化的结合体。松散耦合的特性也决定了模块化系统内部成员之间独立自主创新和保持主模块整体性的可能性。

3. 体验特征：服务定制化

服务定制化是服务模块化的第三个内生维度。德鲁克指出，激烈的市场竞争导致产品生命周期越来越短，传统的服务生产结构却未解决这个问题。在顾客需求迅速变化、国际竞争日趋激烈的市场环境下，单个企业"已经没有这种时间"来消化技术了，而模块化模式有利于"速度经济"优势的发挥。借助模块化独立性和半自律性特点，模块化系统能够强化自身的定制化服务生产能力，降低自身的创新风险，并能够对多元的市场需求做出快速的响应，使整个组织机体更具消费引导能力，极大地满足了消费者的多样化需求。因此，能极大地满足消费者的定制化需求，是服务模块化的显著特征之一。

标准界面、松散耦合关系、服务定制化三者代表着服务模块化的三个内生维度，是表征服务模块化的重要变量，也是下面对服务模块化进行测量的重要因子。

（三）服务模块化的外生维度

Fredriksson（2006）提出在模块化过程中，必然包含着产品、流程和组织三个维度的模块化进程。Pekkarinen（2008）通过医疗服务业也证明了服务业模块化是通过产品、组织和流程三个方面的模块化来提高效率的。本书认为：组织是服务模块化在广义层面的模块化对象，而产品和流程则是技术在狭义层面的模块化对象。无论是广义层面还是狭义层面，服务组织模块化是服务产品模块化和服务流程模块化在构成上的延伸，三者在"镜面假设"的前提下不断趋向构架维和关系维两个维度。构架维是三者的存在形态，而关系维是三者能够模块化的关键。因此，在某种意义上，三者是一个系统内部并存的并列关系，是服务模块化在构架维和关系维中基于模块化对象的不同为功能区分和提高适用性而产生的三个外生维度。

1. 产品模块化

一般来说，产品模块化在服务系统框架内通过一定规则联结而实现服务功能，这种产品构架具有极高的稳定性，在产品的服务周期内一般不会大幅更改。从功能特点和标准界面的特征来看，产品的构建是由集成化构架和模块化构架两个方面组成的：在集成化构架下，产品形成了一种紧耦合关系，且界面较模糊难以实现分解重组；而在模块化构架下，模块化所特有的松散耦合结构能够轻易地按照顶层规则实现拆解和重组。

生命周期理论认为，产品的模块化水平在产品价值周期内是不断变化的，当模块化水平超过平均水平以上时，就会呈现模块化特征。具体而言，在产品经历构架设计、规模生产、价值损耗和价值枯竭四个阶段过程中，其实是产品模块化的四个动态目的的演化。也即在构架设计过程中，模块化是为了在原有产品的性能上强化设计和功能，以便能够响应市场需求；在规模生产的过程中，服务产品的模块化是为了方便大规模制造，采购和集成；在价值损耗过程中，模块化是为了质量可靠、容易维护和简单好用；当产品价值枯竭时，模块化的目的就变成了容易分解和容易回收。

2. 流程模块化

流程的模块化是在服务流程被分解为一个个独立的流程子模块的过程中，通过重新设计规则界面，使所有流程子模块能够重新构建一个新的适应性更强的松散耦合结构流程的过程。

一般而言，服务流程的模块化需要一个条件：服务流程之间的关系应该是明确的，符合模块化之间的松散耦合关系。并且这种流程的模块化分解必须是基于已有的流程功能在界面规则下的修改。本书总结三个流程模块化的特点：①流程模块化的目的是分解服务流程，以便重新组合，因此流程模块化必须是基本流程单位的模块化，而且会因为定制化的出现而改变；②流程标准先于流程模块化出现，定制化主导流程模块化的进行；③流程模块化的定制是可推迟的，并且这种推迟允许流程子模块进入流通市场获得柔性。

3. 组织模块化

现有的组织模块化理论较完善，主要从内部和外部两种组织性质进行分析。内部组织的模块化是一种基于组织系统内部的松散耦合关系而进行的组织职能变更，这种变更不会影响组织整体的协同运作。这种模块化具有两个特点：①这些被模块化的组织是一种具有特定功能，责任和资源的动态共同体，在外部环境或者制度发生改变时，企业可以通过动态调整组织模块的功能来实现快速响应。②这种以单个组织为模块的划分方式可以极大地促进组织的学习能力，这种能力会诱发组织持续吸收组织之外流动的知识，以便在实现组织基本职能的前提下更好地完成与组织模块整体的对接。

外部组织模块化是在内部组织模块化理论的基础上提出的，一般来讲，外部组织模块化是指一体化企业的垂直分解，并在企业间产生网状组织形式的过程。这种模块化是一种基于工业时代层级组织下，为了适应大规模生产向大规模定制而出现的，是产业组织变革中的重要阶段。

（四）服务模块化对价值创造的影响

服务模块化作为一种新型的服务业创新形态，它对价值创造的影响目前有着不同的观点，学术界对于这种影响的研究一般都是通过制造业模块化原理的基础上进行的概念迁移和改进，那么服务模块化能否带来价值创造的提升，如果能够提升，这种提升是通过哪些方面实现的？

Miozzo 和 Grimshaw（2005）分析了 IT 服务模块化创新与外包问题，认为服务模块通过外包的方式可以使企业的价值创造有所提升。Sanchez 和 Mahoney（1996）认为，服务流程模块化可以降低创新成本从而提高价值创造。Saemundsson（2005）以 IT 服务业为研究对象，发现服务企业的模块化创新行为在一些交易费用较低的地方创造了一些新的交叉边界。这些服务模块之间的边界为竞争者提供了切入点和突破点。Rodrigues 和 Armada（2007）的观点也证明，模块化确实能带来较高的创新价值。Sundbo（1994）认为，模块化有利于服务企业利用外部资源进行服务创新。Youngdahl（2011）认为，运用模块化方法进行服务创新，有利于企业间的服务协作规则的制定和经验知识的传递，减少服务创新过程的风险与不确定性，降低交易成本。杨晨（2013）认为，模块化分工可以提高专利化服务程度，提高服务效率，可以实现模块调节、修正，满足服务对象的多元化需求；而模块化集成可以减少不必要的费用，优化服务链条，提升服务效果，还可以依赖沟通协调平台，支持实现各模块主体协同创新。服务模块化存在促进价值创造提升的具体路径。郝斌（2011）总结了服务模块化企业创新机制的三大转变，包括组织学习的开放化与知识整合的标准化、构架创新与模块创新的主体分离、模块化成员企业之间的创新淘汰赛；他以吸收能力为中介变量，引入外生关系网络与制度环境的影响，建立了服务模块化创新的理论模型。陶颜（2008）通过对金融服务业的实证分析，提出了服务模块化—战略柔性—价值创造的链式反应，认为服务模块化通过提升组织战略柔性增加模块创新活力从而影响企业价值创造。但服务模块化对于价值创造提升的关键因素目前尚无明确的统一结论。

1. 标准界面对价值创造的影响

（1）业务融合。标准界面下模块之间的相互协作实际上是一种能力互补与资源互补，它高于一般供应链的资源整合，是一种更有效率的知识与资源重组方式，体现了标准界面在产业布局上的柔和性和关联性。由于能力与资源的互补只是一种协作方式，无法应对标准界面的复杂产业环境，最终这种协同与协作会以平台的方式呈现，这种方式是标准界面在产业内部最高等级的合作方式，意味着界面内部所有模块成员都保持了长久而固定的契约关系或者联盟关系，如图 4 - 2 所示。

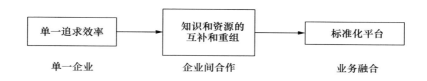

单一企业　　　　　　企业间合作　　　　　　业务融合

图 4 - 2　标准界面演进过程

新经济地理学认为，在大规模生产不断发展的时代，为了降低运输成本，实现规模报酬递增，提高创新型产业的创新价值，必然会出现以核心行业为中心的行业融合现象。依托于此，服务产业由传统的单对单组织结构向单对多和多对多的组织结构演进，最终形成服务产业的标准化平台。由于文化创意产业属于价值链顶端的高价值增值型产业，在整个庞大的产业网络里处于核心地带，在产业发展不断推进的过程中，巨大的价值会驱动文化产业链上越来越多的相关企业进入该网络，使得文化企业与上下游企业进行频繁的技术与资源上的共享与结合，从而形成产业结构上的初始融合和交叉。随着新技术与先进科技在文化创意产业上的大量应用，投资越加庞大，伴随而来的是大量金融机构、创新人才、培训机构和技术市场的加入，为了降低产业在创新上的风险，提高全新技术的使用，更加快速地响应市场需求，这些企业与企业、企业与客户、企业与中介之间越加需求一种更加便捷的产业形态以提高价值创造。

业务交叉融合作为标准界面在产业中存在的一种交互形式，具有以下几种特征：第一，标准界面实现了在一定区域内的知识、经验、信息、技术、平台、基础设施和劳动力的共享；第二，行业内外的各个企业之间能够更加便捷地在彼此之间进行资源的流动与互换；第三，由于融合后企业之间拥有更好的互信与互惠基础，会带来更加明显的规模经济优势，提高了整个模块化系统的价值创造。

（2）标准界面下的潜竞争。因为所属的功能区间和服务类型不同，服务系统中主导模块调配下的不同模块之间，在技术、成本、创新效率和生产成本等方面一般不存在可比性。但是这指的是寻常意义上市场竞争中的可比性，事实上，在标准界面下的每个模块成员，彼此之间拥有一种潜竞争。这种潜竞争会导致每个模块必须不断提高其创新能力（见图4-3）。

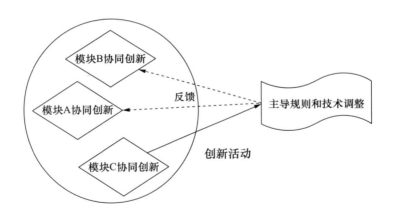

图4-3　潜竞争示意图

潜竞争不同于一般意义上的竞争，这是一种协同效应下的适应性竞争。这种竞争并不是在技术、服务或者产品层面的竞争，而是在非利益层面的竞争。在模块化创新不断加速的过程中，每个创新活动都在标准界面下协调进行，这种协调能够为整个服务系统的整体运作提供稳定的环境。但是由于同质模块之间的创新竞争以及模块化所特有的可替换性，导致每个模块都在协同的大环境下不断改进自己的功能，这种改进一方面会带来主导规则的变革，另一方面会带来技术层面的革新。这样的变革和革新必然会带来一个现实，即如果有一个模块成员完成了这种创新活动，主导规则会因此而做出改变，这时每个模块成员都必须为这种改变而改变，创新活动落后的成员模块通过紧跟规则改变而进行的创新活动来提高自己在服务系统中的适应性，这种"牵一发而动全身"的创新效果是一种基于单个模块的创新而进行的"被迫"的创新活动，虽然这种创新活动的动力并非来自直接的竞争关系，但是其所带来的后果实际上是类似竞争的潜竞争效果。这种潜竞争效果会导致各个模块为了适应标准界面的规则调整而进行频繁的创新活动，这种频繁的创新活动会提高整个服务系统的价值创造。

（3）标准界面的通用性。标准界面的通用性会促使外部竞争者复制系统内部构架从而倒逼内部系统提高自己的价值创造。设定标准化界面能够将各个模块的生产功能隔离开来，实现独立的价值创造，降低各个模块之间因为知识与信息互换而产生的额外风险和成本。标准界面下的成员模块相互依存，通过频繁的知识交流和合理的资源分配协同进化，这种依存关系会强化彼此的信任度，使系统创造的价值远远大于单个模块所创造的价值之和，也就代表了模块之间产生了固定的共生关系。在标准界面下，企业之间因为共生关系，相互吸引、相互依赖、相互信任进而完成了一种以能力和关系为根本的共生系统并融合在一起。

这种关系在顶层设计的不断调试中会日臻完善，成为某个行业所特有的模块化布局，由于服务系统本身的可复制性，当一个服务系统内部核心模块的功能无法达到较强的独立性和差异性时，这种复制往往变得十分简单，在此种时期外部竞争者对于复制的钟爱往往比开发要大得多。因此，标准界面的可复制性，往往需要核心模块的专属差异性功能去抵消掉。这就要求顶层设计者在构架整个服务系统的时候，必须要考虑核心模块的差异性层次，而模块的局部创新则是解决这种问题的关键。

通过核心模块的局部创新，可以完善其在标准界面下的功能特性，使外部复制者即使复制了标准界面的构架，也往往无法激活整个服务系统的运作活力。例如，服务人员个体所特有的感染力、领悟力和应变力，往往是人力资源模块中最核心的竞争力，在服务系统中这种能力会给整个服务体验带来质变。这就要求服务系统在培养服务人才的时候不断突破创新，使之产生差异性，以杜绝外部竞争者的复制行为，因此很多企业在人才培养过程中除了对业务流程、实务练习方面的培训之外还会特别注重员工对企业文化的关注，企业文化就是一种难以复制的核心竞争力。

2. 松散耦合关系对价值创造的影响

（1）创新淘汰赛机制。松散耦合关系带来了模块间的创新淘汰赛。创新淘汰赛可以促使服务模块之间陷入创新竞赛从而提高价值创造。通过将服务分解为一个个独立模块，对模块之间关系的界定和接口的科学设计，消费者在使用时可以减少对产品性能的摸索，提升对产品的利用性。由于服务行业本身的可分解性，可以在两个主模块上进一步细化，使整个服务流程被分解成若干个小模块，这种内部实现的服务模块化划分，可以引发相关同质模块对于创新活动的竞争式探索（见图4-4）。

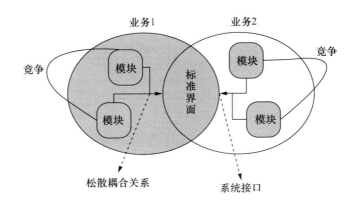

图4-4 创新淘汰赛机制

　　由于单一模块在创新技术的应用上具有不确定性，在资源的利用上无法获得充分的信息以实现资源利用的最大化，模块企业会去寻求合作以改变这种状态，然而企业之间合作时的紧密结构往往带来较高的合作成本，并因此导致合作契约或者联盟无法有效而充分地实现。创新活动的高风险性、需求动态性和虚拟性要求产业内部的模块元素之间需要一种拥有较高灵活性、独立性的合作关系，这是一种松散的却又不完全脱离的特殊关系，这种松散的耦合关系能够降低模块成员之间的机会主义风险，使模块成员之间以一种创新淘汰赛的形式展开竞争，由于松散耦合关系所带来的即插即用性，这种竞争不会影响整个系统的运作，能够在平衡产业内部成员个体利益的前提下充分发掘整个产业园区的整体绩效，延展了创新体系的可扩充性和普适性来提高价值创造，每个模块往往不仅仅在一个创新系统里运作，而且松散耦合关系还能够提升模块成员的重复利用性。

　　对于松散耦合传递的内容，学术界提出了两种较典型的观点：一是认为模块单元通过松散耦合关系实现信息交换和资源互补，包括契约和任务信息，也包括产品和资源价值信息；二是认为松散耦合关系传递的是非工作信息，是一种互动关系信息。本书采纳第一种结论，即模块成员之间交换的信息通常具有不确定性和非显性，且关键信息往往存在于核心模块里，因此一般的信息交流方式往往无法通过普通接口技术来实现。

　　（2）吸收能力。松散耦合关系降低了模块间的知识壁垒，提高了模块知识吸收能力，从而提高价值创造。服务产业的模块化是一种旗舰集群式的模块化关系网络，表现为在一个服务系统中，多个主导企业在资源分配和信息争夺上的竞争和匹配。模块化关系网络为模块网络中的各企业提供了一个通用平台，通过这个平台，企业可以免费获得和学习所需知识。模块化网络企业间知识吸收的本质在于产品内分工深化引起的企业能力生成和价值生成的分离，能力的生成在企业边界以内，而价值生成则在企业边界以外。

　　实际上，通过模块化关系网络，以创意模块的核心知识为中心，各个模块企业间能够有效地进行知识传递并完成企业的合作创新，由于创新活动本身的高风险性，需要模块化特征的网络结构为其降低创新成本并提高系统柔性的创新风险，这是模块化创新的精髓。在这种网络组织形式下，拥有较多的平行关系的企业需要不断开拓创新与知识传递以保证在竞争中保持优势，如果企业能够有效地汲取高附加值知识且开发出符合市场需要的标准模块，由于模块化关系网络较强的适应性与组合性，模块化网络中的企业能够不断更新自己的知识储备，并以市场的需求变化为主导改进模块化功能，提高产品的多样性，满足消费者不同的消费需求从而优化自身的创新效果。

每家企业都有自身专属的业务与知识，这些企业的共生关系会带来大量合作的价值盈余，从而为企业之间的学习交流提供了动力，虽然这种模块化企业的学习是一种不定向而开放的，但是模块系统的设计者能够整合这些来自各行各业不同类型的知识，从而使每个模块化业务都能够吸纳大量的知识和经验，而不用付出高额成本进行专门学习，这些知识在各自的业务体系内不断流动和积累，通过这种积累产生的知识溢出大大加速了成员企业之间的知识互换，强化各个企业之间的合作意识。

由于核心模块所掌握的技术在整个网络中的主导作用，因此这个网络会围绕核心模块形成比一般的产业组织或集群更加独特的伙伴关系，即松散耦合关系。这种关系可能通过企业沙龙或者企业协会的方式出现，也可能以企业并购或者重组的方式出现。在这个以核心模块为中心的模块化关系网络中，知识与信息以一种更加便捷的方式呈现，即使是那些难以传递的经验和专有知识，也会被标准界面解读成为共有的显性知识被分享从而加速知识溢出。松散耦合关系缔造了模块化关系网络，以强化模块知识的传递，降低解读非显性知识成本为基础，囊括了在标准界面下包括设计工作室、供应商、分销商、制造商甚至是产业边缘的其他部分在内的所有关系。这种关系使企业获得知识的方式更加便捷，促进了模块化成员的知识吸收。

（3）服务外包。服务外包会带来价值创造的提升。服务外包是在维持原产出不变的前提下，服务系统与模块供应商之间在协议标准、成本预算和制度环境的影响下，将自身系统内部的服务模块设计或制造转移给外部组织承担（见图4－5）。依据服务类型的不同，可以划分为业务项目服务外包（BPO）和信息技术服务外包（ITO）。

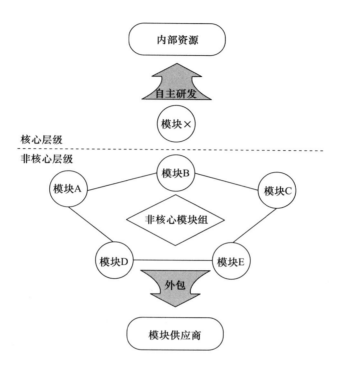

图4－5　服务模块的外包

在基于模块化设计中所特有的松散耦合关系的连接下，服务元素之间由传统的紧密连接变成了一种耦合结构，这种耦合结构强化了模块之间的可替换性，正是因为这种可替换性，导致了服务模块化系统中拥有比一般紧密结构更广泛的服务外包现象。在经过模块化划分后，服务系统变成了独立功能与特性的服务模块，基于服务本身的消费与供给二重性的特点，服务提供者可以通过模块开发商来构建自身服务系统功能的完善，这样不仅可以节约模块生产和制作的成本，还能够直接享有外部专业知识和收益。这种收益体现在：①服务体系设计者可以将资源集中于核心模块的研发和制造，从而提高专业化知识的利用率，而不必分心于一般模块，在模块研发过程中自身知识的利用如果达到了创新知识溢出临界值时，就会产生对于核心模块在功能和效果上的改进，这是一种基于自身服务功能上的创新。②这种服务外包可以极大地降低产制成本并减少资源的浪费，由此产生的成本结余可以用于服务体系的进一步改进。③能够在维持自身知识资源的前提下极大地享用外部资源的成果，外部资源的分享会带来关系租金，这样就会激发整个服务系统的模块化效率，导致更加深度的创新活动的进行。④大规模的服务外包产生了规模制造的效果，能够获得模块制造商之间的竞争利益。这种竞争会激发模块开发商的创新活力，在基于服务系统的整体构架下，对于模块接口的清晰界定能够确保模块创新在系统的协同创新中保持同步。

3. 服务定制化对价值创造的影响

服务定制化会加速创新过程从而提高价值创造。定制化是一种为了满足单一消费者的消费需求而进行的特定创新过程，创新的目的在于生产出特殊化服务的产品，在这个过程中往往不能同时达到标准化和规模化的高效低耗的目的。为了提高效率节约成本，很多服务行业特别是金融服务业和通信服务业进行了服务模块化的尝试并且取得了成功，这是一种介于标准化和定制化之间的特殊服务方式，伴随着大量信息通信技术的应用，现代服务业特别是除了成功运用服务模块化的金融服务业和通信服务业之外的服务行业在满足了生产效率的同时，开始考虑在标准化生产下提供一定程度的定制化服务，越来越多的服务产业开始在设计和提供服务产品的时候更多地运用模块化的思想。由于现代服务供应商与客户之间的信息沟通越来越普遍，也越来越便捷，以往信息交流所需的成本降低了，因此客户越来越多地出现在服务设计的过程中，特别是文化创意产业在服务提供的过程中，文化企业开始越来越注重服务质量与社会效益，服务的流程和服务产品会伴随客户的服务反馈不断地修正和创新，这是一种非企业主导的主观评价，这种评价会带来服务过程中一定程度定制化服务的出现。

这些定制化服务的过程一般存在三种创新：一是针对服务市场的需求创新，在合理而有效的市场调查和反馈的前提下对服务需求进行的差异化需求创新；二是在提出新的服务概念后对服务结构和界面进行的构架创新；三是针对服务概念所要求的服务功能和形式进行的性能创新（见图4－6）。由于服务定制的主体是顾客，在服务从设计、构架到体验的过程中，服务定制的核心是顾客的反馈，在顾客反馈的前提下服务模块化通过不断的调整和试错模块性能和整体构架来纠正自己的创新内容。因此服务定制需要针对不同的群体进行，这样一是可以集中模块资源进行单一群体的需求创新，二是可以实现大规模定制的效果。通过定制的群体分类，服务定制化对价值创造产生不同的影响。

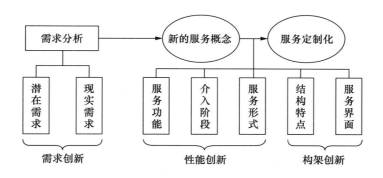

图4－6　服务定制化的过程

（1）产品定制化。当服务产品被推向市场时，往往不会以单一的形式存在，通常会配合多种组合或者套餐，这一点在通信服务业和软件服务业往往最常见，在文化创意产业领域，某些文化旅游服务通过推出不同线路、不同住宿条件、不同旅游方式的组合来满足各种消费者不同的个性化需求，这是一种针对文化创意产业领域服务产品的定制化服务。这种产品定制化会依据服务产品设计而出现模块化，再依据自有的模块化属性，重新组合以提供新的服务功能和体验，这样可以极大地满足差异化需求，会提高价值创造。

（2）专门定制化。有些定制化服务主要针对特征较明显的服务行业和服务族群，如一些具有特殊需求的大集团客户或者某一行业的客户群体。这时服务产品和服务体验往往带有很强的集团性和个性化需求，这是一种专门化定制，如迪士尼乐园的整体设计参考了 3000 名 10～20 岁青少年儿童的建议，这种特定参考年龄段的行为是定制化服务创新模式能够充分发掘产业内部的资源利用率、提升服务质量和效率的关键。但是专门定制化并不能提高所有服务群体的满意度，只是特定环境下提高服务满意度的一种方式，是服务模块化在功能调试中"偏爱"的体现。

（3）市场定制化。在定制化服务过程中，从新服务开发设计到服务项目的大面积推广，要求服务供应商和消费者之间保持频繁的信息交互，以期以最低的成本更好地掌握消费者的消费需求，从而为服务创新带来方向。定制化创新过程不需要很强的组织性和系统性，在松散耦合关系下通过组合创新和自主创新满足个体需求。这是一种新型的创新过程，通过对产品的组合，专门化群体的分析和市场的准确解读，企业能够利用服务模块化所特有的优势进行高效低耗的创新活动。这就需要模块开发者能够准确地掌握市场脉搏，明确市场需要什么创新，需求多大程度的创新以及怎样完成这些创新。在明确界定市场的走向后，服务模块化在其独特的柔性和试错性的支持下，能够展现出极强的生命力，这种生命力是服务模块灵活性、独立性和创新性的综合体现，往往会带来很强的产业创新效果从而提高价值创造。

4. 服务产品模块化对价值创造的影响

（1）期权价值。服务产品模块化创造了期权价值从而为提高价值创造奠定了基础。服务产品的模块化是指服务型企业依据已有的界面规则将服务产品分解为一个个模块产品，再依据新的规则界面将分解后的服务产品重新组合，以便其拥有符合市场需要的服务功能。在集成化的产品设计中，服务产品是不存在模块化分割概念的，因为每个服务产品部分都是通过紧耦合连接，这其实是一个模块化产品的组合期权，但是当这个紧耦合的模块化产品被分解后，以前紧耦合产品就变成松耦合了，这样一来每个模块就相当于原来产品组合的期权组合，于是模块组合就会变成多个期权的组合，由于期权的组合价值高于组合的期权价值，因此模块化后的服务产品将拥有比集成化服务产品更高的价值。

（2）创新风险。服务产品模块化降低了创新风险从而提升了价值创造。因为松散耦合关系的存在，服务产品的模块化让每个模块的更换不会显著影响整体的运作，更不会影响其他模块的运作。通过这种弱耦合的交互，模块之间的联系较松散，使得模块化系统拥有很高的鲁棒性，于是，整个系统的风险被控制在很小的范围内，降低了模块化创新的不确定性。实际上，这种特殊的松散结构为模块化系统提供了一种试错体系，即模块化产品能够在产品的功能上不断尝试，而且这种试错的成本很低，可降低创新的风险。由于模块化的设计可以使得服务的所有可分解部分以外包的形式拆解出去，使整体的创新风险得以控制。

（3）顾客满意度。服务产品模块化提升了顾客满意度从而提升了价值创造。由于服务模块化产品能够产生极强的变更组合能力，在消费需求多样化的今天，这种特性能够提供给消费者多样化的选择，赋予顾客在服务功能挑选上更大的空间。由于信息技术的发展，顾客反馈开始成为服务产品发展的导向，由于产品的模块化结构，使得顾客可以更轻易地辨识出适合的服务功能，给服务产品模块集成商以重要的创新源泉，有利于服务模块的创新改进和功能性质的优化。

5. 服务流程模块化对价值创造的影响

（1）创新成本。服务流程模块化通过控制创新成本提升了价值创造。服务流程的模块化可以提高流程系统的可重组性和可扩展性。当产品功能改变，企业能够重构流程模块以此来优化流程系统的适应力，当产品需求量变化时，增减部分关键流程模块或升降流程系统的自动化程度来增减产量，这就减少了流程开发成本，模块化的流程模块可以由更专业化的企业承担，当服务需求变化时，可以根据需要调整相应的服务流程而不大幅增加创新成本。

（2）创新风险。服务流程模块化通过降低创新风险提升了价值创造。

服务流程的开发需要投入大量时间、精力和金钱，一旦失败，这些投入都将成为巨大的沉没成本，因此服务企业非常注重流程开发的风险与收益平衡问题。若在创新过程中大量使用通用流程模块，将主要创新资源投放在少数核心流程模块开发上，可以有效地降低流程创新的风险。在整个服务流程开发中，企业尽量利用已有的标准流程模块，而将主要资源投入到专用流程模块开发上，对之进行了更细致的功能界定、参数设置和模块测试，保障服务系统的顺利上线。

（3）流程外包。服务流程模块化可以促进流程外包的出现，但是对于价值创造的影响往往要结合现实进一步分析，因为成功的流程外包可以让企业更充分地利用外部资源，集中内部资源进行专业化服务的开发和创新。然而，流程外包往往是一个复杂过程而且伴随着巨大的风险，这种风险体现在：①从发包企业完成流程模块化到开始发包需要耗费巨大的精力和时间；②这种模块化必须要避免数据资源、知识产权和商业秘密的外泄，这就给流程外包添加了巨大的难度。因此服务流程模块化能否通过服务流程外包来提高价值创造往往是难以评价的，必须要先评估发包流程的知识结构和服务流程的模块化设计水平，才能判断该流程模块是否适合分包、是否能够提高价值创造。

6. 服务组织模块化对价值创造的影响

服务组织模块化可以促进价值创造的提升。在一定的关系构架下，服务组织系统被分解为多个组织功能单元的过程，这些功能单元既能协同创新，又能持续变革。服务组织模块拥有极高的自治权利，因此会不断深化组织的开发能力和学习能力，并不断加强组织对资源的筛选和积累，这样的过程可以提高组织学习能力进而提高价值创造。

（1）组织学习。组织模块化作为一种组织的协调形式，不仅使组织分工演进呈现层次化、条理化和简单化特征，更由于存在明确的联系规则，在系统"分"的同时注重各个子模块之间的"合"，将分工经济和合作效益有效地结合起来。同时，组织模块化打破了不同模块之间的大部分知识关联，将大部分隐性知识隐藏于各组织模块内部，使单一组织模块设计与运行所需的知识内化于本模块，从而分工专业化程度更高。

从组织学习的角度出发，组织模块化更有利于模块化价值创造的获取。这是因为组织模块拥有更多的自治权利，因而其开发式学习过程也能够深化，这有利于组织单元对自身资源进行清晰甄别和持续积累，提高了组织学习能力，进而提升价值创造。

（2）间接作用。在高的组织模块化水平下，每个组织模块能够通过对自身资源进行准确的界定和整合，从而提高组织的资源利用率，还能借助界面的互动和规整提升组织创新活力。但是组织的高整合性并不一定完全有利于服务模块化创新，因为组织模块化可以替代传统整合化组织中的过程控制机制，但是不能替代传统的结果控制机制。在创新过程中降低管理协调的高度介入，有利于流程模块化创新的成功实施，组织只需强化对流程创新的结果控制。上述分析意味着组织的模块化是有必要的，但是并不能因过于模块化而丧失对流程创新的结果控制功能。在一定的组织协调下，组织模块化能够促进产品模块化和流程模块化的协同创新，从而提高价值创造。

（3）应用与探索两个方向的创新活动。在企业发展过程中，企业组织必须对外部市场环境保持高度的敏感，实现创新和运营的非线性发展。但是由于受限于市场前景估计不足及创新路径的僵硬化、程序化，大部分企业要么单一地注重探索创新，要么单一地注重渐变创新，极易失去面对市场环境巨变时所应该具备的内部创新模式的创新优势（见图4-7）。

组织模块化在应用和探索两个方向的活动具有先天的优势，通过组织模块化，企业能够最大限度地降低探索式创新的风险，提高创新成功率，同时企业知识往往是隐性的非编码知识，组织模块化下的企业成员可以越过企业间的知识壁垒和信息阻隔，在开放式创新体系下，有效地遏制探索型创新模块中联盟组织内部的机会主义行为。在应用型创新活动中，各个模块独立创新互不干涉，模块成员的学习与系统构架过程也被分割，能够独立支持各自的业务流程平行化操作，模块成员只需知道自身的创新活动需要即可，从而降低了知识侵占风险，协调与信息传递成本较低。

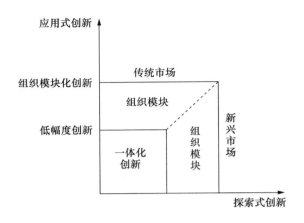

图 4 – 7　组织模块化在两种创新并行时的创新优势

因此，通过组织模块化，企业能够很好地完成应用和探索两个方向的创新活动，极大地提高了创新资源利用率，从而提高价值创造。

（五）小结

首先，通过对服务模块化的创新过程进行分析，阐述了基于模块化本质的两个属性，即标准界面和松散耦合关系，并移植到服务模块化领域，结合服务模块化的特点阐述服务定制化的内涵，共同组成表征服务模块化本质属性的三个内生维度。其次，基于模块对象的不同功能类别和适用性，总结出关于服务模块化不同层次的三个外生维度，即服务产品模块化、服务流程模块化和服务组织模块化。通过对三个内生维度和三个外生维度的分析，研究发现内生维度下的标准界面能够通过业务融合、潜竞争和标准界面通用性直接或者间接地提高价值创造，而松散耦合关系能够从创新淘汰赛机制、吸收能力和服务外包提高价值创造，服务定制化能够通过定制化的三个不同层面全面促进价值创造的提升。而在外生维度中，服务产品模块化通过期权价值、创新风险和顾客满意度来提升价值创造，服务流程模块化能够通过降低创新成本和风险提升价值创造，但是流程外包基于知识产权和商业机密的特性难以界定对价值创造的影响。最后，服务组织模块化能够通过组织学习、对服务产品模块化和服务流程模块化的间接作用以及提供应用式创新和探索式创新的并行创新方式提高价值创造。

二、服务模块化对价值创造影响的案例分析

（一）案例资料来源

案例研究的数据来源包括档案与文件、观察、访谈及实物证据五种，本书的具体操作为：①深入案例现场进行调查访问，对案例参与者进行访谈获得；②收集网络资料进行分析；③通过已发表的成果获取的二手资料。

（二）案例分析思路

力图探究服务模块化是如何通过内生维度和外生维度两个方面影响价值创造的，但是目前对于这种影响，难以直接从文化创意产业中分离出来单独分析，只能通过系统观察找出具体方向。另外，相关的研究还没有一个具体严谨的框架，并不适合用解释性案例来分析。

在方向明确、结论还有待验证的前提下，本书采取探索式案例的分析方式结合文化创意产业中三个案例进行探究。具体思路为：案例一探索服务模块化是如何通过"服务产品模块化＋三个内生维度"影响价值创造的；案例二探索服务模块化是如何通过"服务流程模块化＋服务定制"影响价值创造的；案例三探索服务模块化是如何通过"服务组织模块化＋三个内生维度"影响价值创造的。

（三）服务产品模块化＋内生维度

随着文化创意旅游的日趋兴盛，消费者的消费需求也开始由注重旅游

感受的单一目的向更高阶段的注重旅游感受和文化氛围的双向需求，同时由于消费者对于个性化消费需求的不断增长，文化创意旅游需求一种服务理念的创新。有鉴于此，途牛旅游推出了专门针对文化创意旅游定制出行计划的"牛人计划"。通过途牛旅游构建的信息管理数据库系统，全国各大旅行社得以将所有包括客户、合作者、制造商和景区艺人在内的信息保存并由此制定相应的发团计划。信息管理数据库包括住宿信息、交通信息、物价信息、保险理赔信息、集团客户信息、客户个人信息、景区艺人信息、顾客反馈投诉信息、导游信息、天气信息等信息模块，这些模块包含了互联网技术、交通部门、气象部门、航空公司、酒店服务业和民俗艺人的技术与信息支持。

1. 命题 1：服务产品模块化能够促进价值创造

如图 4-8 所示，"牛人计划"在服务产品上进行了模块再组合创新，一是推出多条线路，包括旅行线路交叉选择；二是推出多种住宿档次；三是推出多种时间长度；四是推出多种文化创意体验项目；五是推出多位导游可供选择。途牛通过顾客信息模块，可以及时了解顾客的个人消费水平、旅行偏好、假期长短、旅游频率等个人信息，在大数据的支持下，旅行社基于某种契约或者合作关系能够及时收到途牛的反馈来了解顾客需求，并因此制定相应的发团计划，并提前通知潜在客户，这样在扩大业务量的同时极大地节约了人力成本。通过该信息平台，降低了旅行社之间恶意竞争的困境，也为旅行社制定可行的旅行出游计划提供支持，同时依据该平台，旅行社与消费者之间产生了很好的互动效果，消费者能够反馈给旅行社一些重要信息，如导游的服务质量、旅游出行地的建议等。

事实上，在某些特定的服务产业，通常将服务产品模块化分解为模块设计与模块制造两部分，模块设计将整个节点上所有的部分按照其价值功能与参与程度分别嵌入统一的标准界面下，这种界面提供给所有部分统一的规则，使得每个部分在规则的限定下自主地进行创新，而模块制造则承担着在标准界面的限定下自主地制造专属模块。这样做的好处在于：一方面使得整个界面里的所有同类生产元素都能够协调而有序地进行生产活动，极大地避免了同类型生产者生产的过剩、资源浪费以及恶性竞争；另一方面由于每个模块都在界面标准下，因此都会表现出一定的半自律性，又因为每个模块都是自主的创新结果，因此在复杂的市场环境下，每个模块都会被设计得足够效率，以避免被同类模块淘汰。也就是说，"牛人计划"项目被推出的过程中，每个产品模块都被精确、清晰又完整地界定，从而在庞大而繁杂的生产体系下被剥离得足够有序与标准（见图4-8）。

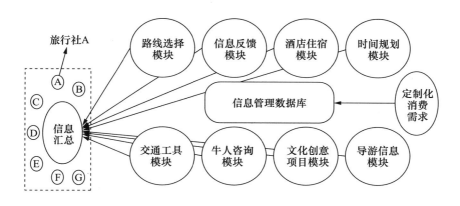

图4-8　"牛人计划"中文化创意服务产品模块化

2. 命题2：内生维度能够促进价值创造

首先，在服务模块化所特有的标准界面下，"牛人计划"中所有模块皆是通俗易懂且容易理解的，不需要消费者拥有专属知识，所有的模块都通过旅行社与途牛间的项目融合来设计，这种设计能够平整信息壁垒，带来价值创造的提升。

其次，服务模块化所特有的松散耦合结构能够辅助完成服务系统的模块化创新。这种辅助功能体现在：一是通过评估服务体系内部同种模块的服务满意度，能够及时地完成模块功能的调整；二是通过模块间创新淘汰赛机制，能够淘汰掉不能够满足整个服务创新构架的模块，从而提高价值创造。

最后，通过服务定制化，这种服务产品的模块化运作能够极大地提高服务定制化水平，让顾客拥有更大的自主性来选择自己的出游计划。由于文化创意项目模块的存在，顾客可以自主选择是否体验文化创意项目，体验哪些文化创意项目，通过途牛的信息反馈系统，各大旅行社能够及时收到这些反馈，并预约相应的艺人安排好时间，减少了顾客旅游过程中的等待时间，为旅行社的旅游服务产品模块化创新互动提供了极大的推动力。旅行社能够通过所收到的服务反馈，知晓哪些服务模块受到欢迎，哪些服务模块是不受欢迎的，从而调整自身的创新定位与模块设计，去掉不受欢迎的服务模块，强化受欢迎的服务模块，这样能够在整个体系的不断修正和改进中避免不受欢迎的创新活动，加强受欢迎的创新活动，从而提高价值创造（见图4-9）。

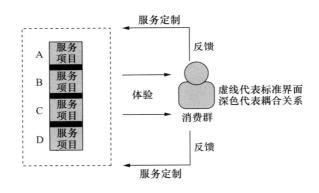

图4-9 "牛人计划"中服务模块化内生维度的作用方式

3. 总结

本案例很好地说明了服务模块化是如何通过服务产品模块化和标准界面、松散耦合关系和服务定制三个内生维度影响价值创造的。通过对"牛人计划"推出的文化创意旅游项目的分析，本书发现，服务模块化分工导致服务体系中的服务功能、服务要素和服务项目等一系列服务因子被设计为模块化服务产品，单独构架并设计，每个模块产品之间的连接从紧密变成相互耦合，这种特殊的关系能够使庞大而繁杂的系统因此简单而有序、高效而低耗。各个服务模块产品具备很好的独立性，在对其中的一部分进行创新时，不必担心影响整个服务体系的运行，从而降低了每个模块的创新活动风险。同时由于松散耦合的即插即用性，每项服务模块产品都能够很好地完成自身的自主创新以避免被淘汰，因此整个服务模块化过程极大地促进了价值创造的提升。

（四）服务流程模块化 + 服务定制

伴随现代服务业的不断发展和完善，服务系统开始从单一地提高服务体系创新效率，向既能满足服务体系创新效率，又能满足消费者的服务满意度两个方面看齐。但是由于服务系统的整体资源有限，在满足消费者的服务满意度上，通常采取的是服务定制化以满足消费者的多样化需求。但是这种定制化会限制服务系统的标准化流程，在标准化流程受限制的情况下，导致该服务系统背离工业化背景下的分工和集成，无法大规模生产服务体系下的服务元素，使得整个服务体系创新效率低下。在此种情况下，作为一种服务模块化形式，服务流程模块化是否能够提供合适的服务流程解构方式，是十分关键的问题，由于电影业在文化创意产业中的这种现象十分普遍，因此本书选取了北京星美国际影城作为案例分析对象。

1. 命题 1：服务流程模块化能够促进价值创造

不同于传统的制造业模块化，服务业模块化有其内在的特殊性。制造业主要以产品生产角度来阐述模块化，由于产品在生产过程中是不与消费者接触的，因此如何有效地运用模块化来节约产品生产和运输成本则是制造业模块化关注的焦点。而服务业模块化是以顾客体验为主要关注点，由于服务产品不同于普通有形产品，大多数服务产品是无形产品，在顾客介入服务流程后，如何提高顾客体验价值，实现顾客对服务的有效感知是重点。即能够实现快速响应消费者需求和满足消费者的个性化、动态化的服务需要。

在服务流程模块化中有一种很好的思路，将服务业本身划归为前台、后台，后台负责服务产品的生产、服务技术的支持、服务内容的改善及服务信息的传递。而前台主要负责服务过程的顾客价值消费，包括操作平台、服务流程、服务反馈、服务改善等关系顾客体验的互动过程。这里的前后台并不是我们传统意义上的前后台，而是基于服务流程的性质而进行的模块化区分。如图 4 - 10 所示，从左到右是服务流程模块化的前后台模式，通过模块化接口为界限，分别是服务流程的可见部分和不可见部分，在不可见部分包含了支持服务项目的各种程序、技术、设备和资金，在可见部分包含了直接与客户产生互动的人员、平台和售后。

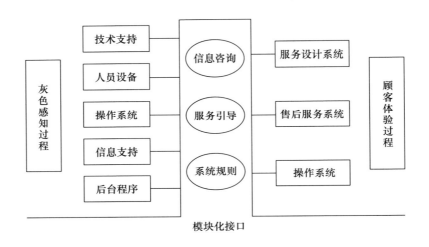

图 4 - 10 前后台模式

根据 Menor（2002）提出的观点，这种前后台模型的优势在于，后台提供高工业化和低成本的大规模定制，前台则提供满足顾客的多样化需求。通过这种前后台的服务流程分离，可以从根本上改变服务业的传统空间布局，使之呈现出更复杂的结构，随着后台服务系统中信息技术和通信技术等高科技的不断发展，后台业务不仅可以高度集中以实现工业化的大规模生产，还可以通过外包给其他企业以降低成本加速了后台服务业务的产业化变革，同时为服务型企业本身带来低廉的劳动力成本和运营维护成本。这种方法能够很好地解决在服务定制化和服务生产效率之间的矛盾，并且已经被服务业实践广泛采用并取得了很大的产业优化效果。这是一种以消费者接触服务与否为界限的分离态势。

　　以电影观赏过程中顾客体验部分的服务流程模块化过程为例。在消费者去电影院观看电影的时候，能够自主选择影院本身的服务内容，也能选择影院提供的那些配套服务，但是有些服务内容作为标准流程是无法选择的。可以选择的服务项目通常被设计在服务前台，而那些不可以选择的服务流程项目通常被设计在服务后台，服务流程从后台的标准化向前台的多样化延伸。在后台是以顾客无知为特征的服务支持系统为主，而前台则是以顾客感知为特点的服务提供系统为主。整个系统中多个行业、多个企业的业务交融汇聚在一起，共同形成了以电影放映的服务体系为标准的服务嵌入系统（见图4 – 11）。

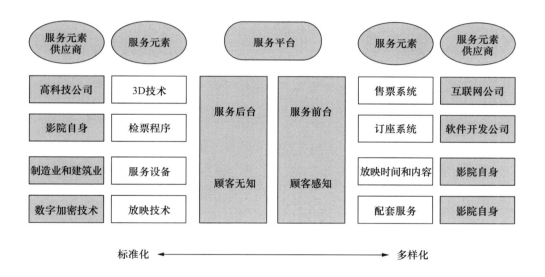

图4 – 11　影城的服务流程模块化

　　后台的服务支持系统由于其标准化的特点而易于外包，简化服务系统，降低维护成本。前台的服务提供系统由于其多样化的特点而能够满足顾客的个性化消费需求，从而提升顾客满意度。事实上，模块化是实现服务多样性的前提条件，也是开展前后台服务分离的内在要求。针对服务系统的模块化，可以对不同性质的服务元素进行空间上的划分和组合，这里的前后台实际上是确定流程功能模块的性质归属问题。

由于整个观影过程实际上是很多不同行业企业的不同功能业务的交叉所构成，这些交叉带来了企业对企业之间的专属性接触方式，这种专属性以一种协商和契约的方式设计，这种方式能够极大地降低业务之间的信息交流的障碍，带来一种创新协同效果，提高整个系统的价值创造。通过将服务元素的可分解部分——解构，整个观影系统形成了一个个极具创新活力的模块，消费者可以通过前台的服务元素自由组合来形成专属于自己的服务体验，这样可以极大地提高消费者的服务满意度，同时——解构的模块可以通过后台的大规模分工与生产达到规模经济的效果。这种解构实际上是一种很好的创新方式，通过这种方式能够极大地提高价值创造。

2. 命题2：服务定制能够提升促进价值创造

本案例中服务的创新活动不仅局限于服务流程的模块化进程中，还广泛地存在于服务定制化的过程中，服务定制化作为服务模块化的一个内生维度，对价值创造也有提升作用。

消费者在进入影城之前是可以有多种购票方式选择的，在本案例中，消费者可以选择去影城现场购票，也可以通过网络平台购票，还可以通过第三方平台购票；购买的方式也非常丰富，包括现金支付、信用卡支付、支付宝支付、微信支付和电子银行支付。消费者可以在购票过程中自主选择希望的放映厅档次、放映屏幕大小、购票停车一体化服务、放映内容和放映时间，同时在进入电影院的等待时间里，影院提供了丰富的服务内容，其中包括众多好莱坞风格经典影片的回廊展览、好莱坞经典电影衍生体验服务、光纤极速上网服务、高档咖啡休息区服务、专属图书馆提供图书阅读服务。在观看电影的过程中，影院为顾客提供了多种观影方式包括多种尺寸、巨幕IMAX等体验方式，为消费者提供多样式的自主选择服务内容，这种服务的定制化能够极大地丰富顾客的服务体验，使每个顾客都能够为自己的服务内容进行个性化的定制而体现出个体服务的差异性。通过这种服务定制，影院能够将服务进行模块化解构，依据服务反馈系统影院能够很好地界定服务模块的受欢迎程度，从而决定在每个服务模块上进行修正和创新或者保持稳定。这样能够极大地促进单个模块的自主创新和服务系统的协同创新，从而提高整体价值创造。

3. 总结

服务模块化能够通过"服务流程模块化＋服务定制"的方式提高价值创造。通过分析电影业中的服务流程，本书发现：首先，信息技术的飞速发展带来了服务业从单一的服务接触到服务转移的很多可能性，这种转移被视为大规模定制化的一种途径。基于大批量定制的前后台分离是建立在服务流程模块化基础上的。流程模块化实现了面向顾客需求的服务功能的集成优化，区分并最大限度地提炼了通用型模块与定制型模块，为通用型模块的规模生产和定制型模块的个性化提供奠定了基础。在此基础上，对这些不同类型的模块进行前后台分离配置，就能更有效地利用前后台的不同性质促进规模生产与大规模定制。其次，文化创意产业在实践中是一种从后台到前台的价值增值过程，无论是文化创意产品、设备还是平台都是运营系统的后台支持，每一家文化创意公司都试图不断提高前台的服务多样化水平，降低后台的经济成本。这就给了服务模块化理论在这个领域极大的延展性。

（五）服务组织模块化＋内生维度

北京本地存在着大量的文化艺术人才和文化创意工作室，但是规模往往都不大，其中有很多拥有较好的创意却缺乏资金。如何通过项目提供的资金和平台带动这些文化创意企业的发展成了重中之重。

考虑到这些现实因素，798文化创意产业园启动了"筑巢计划"，通过与周边高校进行合作，一方面为高校的学子们提供快捷、系统的文化产业培训，另一方面与中国工商银行北京分行合作，筛选出具有文化创意潜力的项目为其提供无息贷款等优惠条件。借此一次性孵化了25家具有潜力的文化创意企业，如今这些企业已发展起来，为北京文化创意产业提供了极大的创新推动力和良好的社会效应，青蓝印项目就是其中的代表。

青蓝印是由北京师范大学与798文化创意产业园联合开发的创意陶瓷展示体验中心，覆盖由传统延伸至当代艺术的各类原创陶瓷作品，青蓝印创意陶瓷展示体验中心有两个展示馆：青蓝印陶瓷展示中心和青蓝印陶瓷体验中心。前者通过展示陶瓷大师的作品、高端礼品和DIY创意为核心，后者主要用于陶瓷艺术的创意开发、生产制作和教育培训。

1. 命题1：服务组织模块化能够促进价值创造

在本案例中，青蓝印工作室与意点文化传媒合作打造的创意服务模块；798总投资人新华安集团和中国工商银行北京分行合作开发的风险投资模块；由新华安集团、中国工商银行和青蓝印工作室共同参与开发的收益分配模块；由北京师范大学和青蓝印工作室参与研发的人才培养模块；由百度糯米和意点文化传媒参与研发的创意推广模块；分别形成了在人才、投资、产品研发和创意推广四个阶段的四个主要模块，分布在文化创意产业所包含的四个重要阶段（见图4-12）。

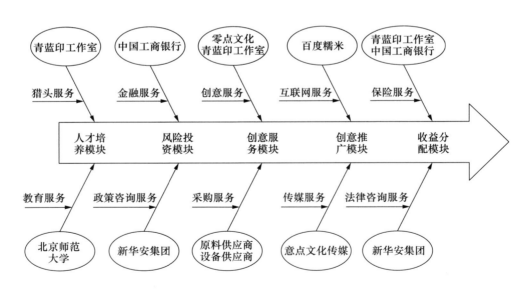

图4-12 青蓝印项目中的几种服务组织模块

　　从图 4-13 中我们容易发现，整个创意项目里的企业几乎涵盖了服务业中包括教育、咨询、传媒、影视、医疗保健、互联网服务、金融服务、传统文化等所有的服务要素，大量企业的业务交叉于文化创意产业这一特定领域，共同从事产品和服务的设计、制造和整合。这种交叉形态促进了以核心创意和核心技术为主导的组织模块化标准界面的精准设计，基于标准界面所形成的联盟或网络关系比其他组织甚至是其他形式的网络更容易建立较密切的纽带从而嵌入彼此组织内，获得由交易关系的双方或网络成员共同产生的协同效应。

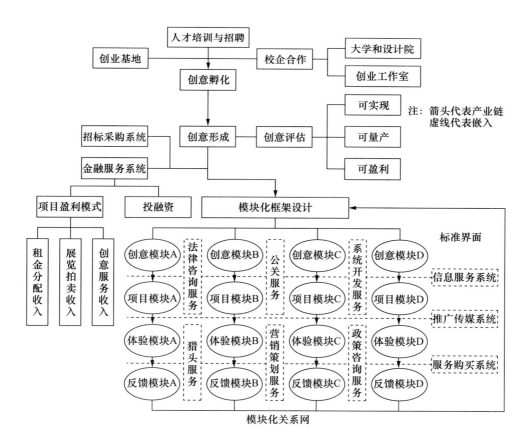

图 4-13　青蓝印项目的服务组织模块化

通过新华安集团主导的信息服务系统，推广传媒系统和服务接洽系统，使得每个文化创意服务都能与标准的服务流程相配套，完成了798文化创意项目的服务创新，加上各种中介服务如法律服务、公关服务、政策咨询服务和猎头服务等一一嵌入组织网络中，使得整个项目的模块化关系网络越加丰富。消费者通过体验其中的服务项目后产生的意见可以通过服务反馈系统反馈给顶层的模块设计者，即服务项目的核心资源持有人，由他们通过对模块化流程的局部修正或者重新设计，完成模块化系统的局部或者整体优化。

参与项目的很多组织在业务上有交叉重复，这些交叉重复因为模块化关系网络的作用而清晰有序，彼此拥有相对透明而快速的信息传递，不会有资源的浪费与恶性竞争的现象存在，同时这些组织的服务业务之间以一种松散耦合的状态相互联系，使彼此之间产生一种创新淘汰赛，在产业链上的不同部分不会因为处于链条上的组织被淘汰而影响整个服务的进程，相反由于模块化关系网络的松散耦合关系存在，会有更具创新优势的创新技术的企业接替前者进入，使整个服务创新系统更具活力与动力。

2. 命题2：内生维度能够促进价值创造

通过划分不同的功能区间对整个产业实现模块化划分，构建统一的标准界面，行业之间共享同质模块的同时又兼顾各自的核心模块的发展，带动相关中介与辅助行业协同发展，逐步形成一个统一的文化创意产业系统。系统内部分工明确、边界清晰相对独立，借助不同的异质共享模块，产业同质模块外包，各个主模块能够高效率地实现产品创新的同时，统一的模块标准界面使得信息与知识能够以降低成本实现交换，统一的模块化管理又能够降低管理成本从而提高价值创造。

从松散耦合角度考虑，由于整个产业发展流程下的所有企业之间皆因以契约基础上的模块为导向，完成了彼此之间的高效率合作，在合理的盈利分配和利益驱使下，借助798文化创意项目和主导企业新华安集团的平台，这种合作能够产生比一般企业合作更加稳固和长久的态势，一方面由于产业链条中涉及组织类型众多，每个模块上都至少拥有两种及以上类型的企业参与，因此组织间的知识交流会十分频繁，无论是显化的公共知识还是隐化的技术和经验，都会在模块的反馈和修正中形成以主导成员为核心的通用化和普适化，这会给彼此之间带来大量的知识溢出效果，加速了彼此之间的知识交换。另一方面由于模块化本身的松散耦合关系，模块创新变得十分容易，一是因为创新风险小，二是因为创新成本低。所有模块都会因此陷入创新淘汰赛中，谁设计的模块方案更能提高价值创造，就会采纳谁的模块设计方案，让整个文化产业中的模块创新十分普遍。这促使企业合作往更高一层的态势发展，从而促使企业合作创新更加稳固，提高了合作创新的价值创造。

在服务定制化方面，青蓝印项目作为一家专攻陶瓷技艺的文化创意工作室，在开发各类陶瓷产品的同时，还开展了陶瓷展览、陶艺培训、陶瓷制作体验等面向客户的服务类项目。通过模块化整合，青蓝印推出了以陶艺现场体验的练泥、拉坯、印坯、利坯、晒坯、刻花、施釉、烧窑等程序以及全程摄影拍照留念和DIY定制花色图案"一条龙"全程服务，客户可以通过电话或者网络预定的方式选择其中某个环节或者全程的体验和指导服务，也可以预约陶艺师进行一对一辅导，客户可以自由选择服务组合和服务项目。在此基础上，青蓝印还提供企业版的陶瓷定制服务，企业可以通过青蓝印的DIY定制陶瓷模块服务系统，自主选择包括陶瓷作品类型、风格、尺寸、花色和图案等的自主选择服务，且无须通过面对面的交流与沟通，这样极大地节约了人力成本和信息交流成本，从而间接地提高了服务价值创造。

3. 总结

事实上，模块化关系网络下产业内部之间、产业与外部系统之间的技术整合会因为标准界面的协调和松散耦合关系的影响而变得独立自主，系统设计者会将模块化成员之间的业务项目分割开来，不必知晓对方的专有知识就能够完成合作创新，降低了彼此之间依赖性的同时还降低了专有知识侵占的风险，从而使得项目内部成员产生了高于一般合作形态的共生模式，它们是产业价值创造的源头，这些创意最终转化为实际的客户体验，转化期间各种服务支持行业嵌入价值增值的过程中，和文化创意产业共同构成了产业集聚背景下的模块化关系网络。模块组织成员共同处于同一文化创意产业链上，属于在顶层设计和多联盟契约下的标准界面里，是一种典型的基于后工业时代垂直一体化的外部服务组织模块化创新，因此能够在一定范围内自主创新而不受产业环境和其他模块成员的影响。这种创新是一种大范围、多形式的创新，既是管理层面的组织模块创新，也是技术层面的技术和产品创新，既是波及整个产业形式下的多企业联合创新，也是单一企业在业务范围内的自我创新。通过几家企业联合的跨行业标准界面构架，形成了一连串的以陶瓷产业创新为核心驱动力的创新价值链，无论是在区域经济发展、企业合作还是在技术研发方面，这种标准构架都能极大地降低非同质企业合作风险，减少跨行业合作成本，让所有企业能够在整个企业联合创新的整体框架内协同创新而不会与系统脱节，从而提高价值创造。

（六）小结

从探索式案例的角度分别分析了三个文化创意产业的典型案例，探索了在服务模块化的三个内生维度和三个外生维度下，服务模块化对价值创造的影响。研究发现，服务模块化分工导致服务体系中的服务功能、服务要素和服务项目等一系列服务因子被设计为模块化服务产品，单独构架并设计，每个模块产品之间的连接从紧密变成相互耦合，这种特殊的关系能够使庞大而繁杂的系统因此简单而有序、高效而低耗，从而使服务产品模块化能够提高价值创造。服务流程模块化实现了面向顾客需求的服务功能的集成优化，区分并最大限度地提炼了通用型模块与定制型模块，为开展通用型模块的规模生产和定制型模块的个性化提供奠定了基础，并提高了价值创造。当模块组织成员共同处于同一文化创意产业链上时，属于在顶层设计和多联盟契约下的标准界面里，是一种典型的基于后工业时代垂直一体化的外部服务组织模块化创新，因此能够在一定范围内自主创新而不受产业环境和其他模块成员的影响，从而提高价值创造能力。

三、服务模块化对价值创造影响的实证分析

现代管理学之父彼得·德鲁克早在 1990 年就曾预言，20 世纪末的企业组织将是模块化组织。当下，服务与制造彼此交融，服务在产业中的比重有上升的趋势，服务模块化组织将成为企业组织的重要表现形式。

文化创意产业是以创造力为核心的新兴产业，该产业的价值创造主要源自服务产品和服务要素的创新，服务创新能力是整个产业发展的关键因素。能否通过实施或者提高服务模块化程度来提高文化创意产业创新能力，从而带动价值创造的提升，对于文化产业的持续发展具有重要的研究价值。

因此，本书以 10 家有代表性的江西文化创意企业为例，通过建立模型、问卷调查、分析数据着手进行探究。

（一）服务模块化测量指标选取

前面已经说过，服务模块化是一个多维概念，通过服务模块化分工和集成重构价值创造体系并以此嵌入全球价值链的高端环节，对于促进区域产业升级具有重要的战略意义。余长春和吴照云以民航服务业为研究对象，通过探索性案例分析，从分工、集成和界面三个维度探究了服务模块化运行中的价值创造问题。李柏洲和徐广玉讨论了知识黏性、服务模块化与知识转移绩效的关系。魏江、刘洋和赵江琦探索了服务模块化与组织整合的匹配关系。陶颜和魏江对服务模块化的概念、研究脉络和研究基准等进行了梳理，并提出了未来的研究方向。

但是对于服务模块化来讲，最大的难题在于概念的界定和水平的测量。这两者在学术界的争论由来已久，一方面是因为从产业经济的角度无

法较好地解析服务模块化水平的定义，另一方面是因为服务模块化领域的学者也很难从产业经济的角度去解释服务模块化水平涵盖的内容。李柏洲和徐广玉使用模块自律性和界面标准化来测量服务模块化。Pekkarinen 和 UIkuniemi 认为，服务模块化是由服务产品、流程、组织和顾客界面组成的合并型多维构念。Voss 和 Hsuan 选用了服务节点数量、联系数量、替代数量等效果指标构建服务模块化测量模型。本书综合了部分有代表性的论点，结合文化创意产业的特点，从服务模块化三个内生维度入手，提出了标准界面设置、松散耦合关系和服务定制化三个指标的测量体系。

（二）服务模块化测量过程

1. 数据收集

参考范志刚（2014）、Worren（2002）、Mikkola（2003）和 Lin（2004）相关量表的设置，以 10 家江西文化创意企业为样本，进行服务模块化水平测量的数据收集工作。

2. 问卷设计、发放与回收

以调查问卷的形式从这些企业内部员工中采集了标准统一界面、松散耦合关系和服务定制化水平的相关数据，共发放问卷 400 份，回收 305 份，剔除无效问卷 73 份，有效问卷 232 份。问卷发放的对象包含以上 10 家企业的工作人员，职位为高层人员（占 7%）、中层人员（占 31%）、基层人员（占 62%）。

3. 信度效度检验

采用 Cronbach's α 系数的大小来衡量调查问卷的信度，将以上 232 份问卷标准化处理后做信度检验得到的三个维度的 Cronbach's α 系数分别为 0.783、0.791 和 0.712，整体问卷的 Cronbach's α 系数为 0.691，全部达到了问卷设置的基本要求。接着对问卷做效度分析，采用因子分析模型，KMO 取值在 0~1，KMO 值越大说明变量之间的关联性越强，越适合做因子分析，当 KMO 值在 0.7~0.8 时是适合做因子分析的。在本问卷中因子模型适应性分析中问卷数据的 KMO 值为 0.697，接近 0.7（KMO = 0.667，

Chi – Square = 524.012，df = 143，p = 0.000），通过了显著性水平为 0.05 的 Bartlett 球形度检验，该问卷具备了做因子分析的前提。

在因子分析中，采用主成分分析提取因子，具备信度的 18 个问题一共提取了 5 个主成分，这 5 个主因子解释的方差将近 72.21%，因此这 5 个因子在解释变量方面较理想。通过具有 Kaiser 标准化的正交旋转法后得到因子载荷，五个主成分的包含题项对问卷的方差贡献度分别为 22.342%、18.435%、12.545%、10.345% 和 8.545%，且 18 个题项只在某一主成分上的载荷较大，因此每一道题目都具有一定效度。

4. 模型设定

引入的测量服务模块化模型如下：

$$M_3 = \frac{N_{within} - N_{between}}{N_{within} + N_{between} + N_{rule}} \qquad (4-1)$$

式中，N_{rule} 代表设置的标准界面中依赖关系的总和，此变量与服务模块化中的标准界面的设置能多大程度上满足模块化运作的需求呈负相关关系；N_{within} 代表各模块内部实际存在的依赖关系总和，此变量与服务模块的划分水平呈正相关关系，代表服务组织中模块划分难易程度，是服务定制化水平的特征；$N_{between}$ 代表各个模块之间实际依赖关系的总和，此变量与模块间的松散耦合水平呈负相关关系。当 $M_3 = 1$ 时，说明此系统是完全模块化的，当 $M_3 = -1$ 时说明该系统是完全非模块化的。一般而言，M_3 介于 $-1 \sim 1$。

5. 数据处理结果及分析

由问卷调查所获数据，代入上述测量服务模块化程度的模型，得到如表 4-2 所示的数据结果。

表 4-2 服务模块化程度测量数据结果

企业	N_{rule}	N_{within}	$N_{between}$	M_3（%）	排序
A	818	242	468	−14.82	9
B	862	271	522	−15.17	10

企业	N_{rule}	N_{within}	$N_{between}$	M_3（%）	排序
C	178	464	380	8.30	8
D	646	822	462	18.65	7
E	378	491	249	21.72	6
F	424	425	130	30.10	4
G	291	530	484	35.10	3
H	642	578	224	24.49	5
I	576	247	174	72.80	1
J	248	586	486	72.60	2

从表 4-2 可以看出，测量目标中有 A、B 的 M_3 值是小于 0 的，这说明在这两家企业中，服务模块内部的依赖关系总和是小于服务模块之间的依赖关系总和的，也就意味着这两家企业的服务模块化程度较低，其各个部分之间的关系不完全属于松散耦合关系，其中某个部分发生改变就会引起整个集体的感知并迫使整个组织发生变化，资源协调性较差，服务多样化不足，服务模块化特征不显著。并且，由于这三者 N_{rule} 值较大，说明其对于标准界面的依赖较大，整个企业服务模块化过程中的标准界面设置难度也较大，需要较高的成本，因而其服务模块化效率并不高。由 C 企业服务模块化程度开始出现正值，此时的 C 企业内部服务模块化构架基本形成，构架形成的诸多拥有独立关系的子模块可以在系统标准界面的框架内，完成自身组织和产品功能的改善与创新，但是由于其服务模块化程度并不高，因此企业内部事物协调减少的同时也会出现知识交换成本较高合作意识降低，其对业务流程的依赖关系总和较高，服务模块化组织的优势无法体现。再看第 4 名的 F 企业，F 企业的 $N_{between}$ 值最低，说明在 F 企业内部，整个企业服务模块之间的联系较松散，符合服务模块化即插即用的特点，这种关系能够降低整个企业协调部门协同各个关系的难度，增大各个服务模块的独立自主性，在合理的标准界面设置下，各个服务模块能够及时抓住文化创意产品技术与市场

创新的前沿，为了保持在主模块内部自己的核心竞争力不断创新，极好地满足了文化创意服务多样化需求，体现出服务模块化的协调性、创新性和同步性。

（三）价值创造的测量过程

1. 模型选择

主流的价值创造测量很多，包括主成分分析法、模糊评价、密切值法、人工神经网路、平衡计分卡和 AHP 模型等。这些模型或者需要设定前沿生产函数，或者对数据要求过高，或者缺乏相对评价标准，或者需要设定权重主观性太强。为了克服这些不足，本书引入博弈交叉效率 DEA 模型对服务模块价值创造进行测量。

博弈交叉效率 DEA 模型是指，假设有 n 个具有可比性的单元（DMU）。每个 DMU_j（$j=1，2，3，\cdots，n$）都有 m 种输入（消耗量）和 s 种输出（产出量），分别将 DMU_j 的第 i 种输入和第 r 种输出记为 x_{ij}（$i=1，2，3，\cdots，m$）和 y_{rj}（$r=1，2，3，\cdots，s$），我们假定参与评定的各个决策单元为博弈参与人，此参与人通过在不降低其他参与人效率值的基础上最大化自己的效率值。

DMU_j（相对于 DMU_d）的博弈 d - 交叉效率值为：

$$\partial_{dj} = \frac{\sum_{r=1}^{s} \mu_{rj}^d y_{rj}}{\sum_{i=1}^{m} \omega_{ij}^d X_{xj}}, d = 1,2,\cdots,n \qquad (4-2)$$

式中，μ_{rj}^d 和 ω_{ij}^d 是 CCR 模型的可行权重，计算式（4 - 2）中的博弈 d - 交叉效率值，对于每个决策单元可以考虑以下数学模型：

$$\max \sum_{r=1}^{s} \mu_{rj}^d y_{rj}$$

$$\text{s. t. } \sum_{i=1}^{m} \omega_{ij}^d x_{il} - \sum_{r=1}^{s} \mu_{rj}^d y_{rl} \geqslant 0, l = 1,2,\cdots,n$$

$$\sum_{i=1}^{m} \omega_{ij}^d x_{ij} = 1$$

$$\partial_d \sum_{i=1}^{m} \omega_{ij}^d x_{id} - \sum_{r=1}^{s} \mu_{rj}^d y_{rd} \leqslant 0$$

$$\omega_{ij}^d \geqslant 0 \quad \mu_{rj}^d \geqslant 0 \quad i = 1, 2, \cdots, m \quad r = 1, 2, \cdots, s \qquad (4-3)$$

模型（4-3）即为在 DMU_d 的效率值大于等于 ∂_d（初始取值为 DMU_d 的传统平均交叉效率）的情况下最大化 DMU_j 的效率值。对于 DMU_j，模型（4-3）对每个 $d = 1, \cdots, n$ 计算 n 次。模型（4-3）代表 DMU_j 关于 DMU_d 的博弈交叉效率。

无论初始参数在取何种策略下，博弈交叉效率 DEA 模型中的博弈交叉效率收敛且唯一。

该模型无须知道投入产出关系，且避免了权重假设和参数估计，保证了结构的客观性，但是由于 DEA 在评价过程中结果不唯一，通过分析资源类型引入二级函数可能导致结果重复、无法排序等问题，在实际的决策单元绩效测评时，决策单元会表现出相互竞争的态势，这种相互竞争的态势往往通过非合作博弈表现出来。

博弈交叉效率 DEA 通过有限次迭代最终获得唯一收敛值，解决了传统 DEA 多重结果的弊端。同时由于该模型的二级函数设置是以不降低自身效率的前提下尽可能使其他单元的效率最大化，这很好地诠释了服务模块化内部子模块之间的生产关系。因此，此模型对于服务模块化价值创造测量更具有现实合理性。

2. 指标选取

本书选取 10 家江西省文化创意企业中的 3 家，分别获取了这 3 家企业 2014 年的企业相关情况，包括注册资金、主营产品、创新情况和竞争优势等相关数据；2 家企业数据主要来自政府部门的调研数据和部分学者发表的研究成果等；另外 5 家企业的数据资料来自《2014～2018 年江西省文化创意产业运行态势及投资前景分析报告》。

依据前面的分析，本书对于价值创造的测量主要从研发投入、创新成果产值、创新知识应用和创新优化四个维度进行测量。测量维度如表 4-3 所示。

表4-3　价值创造测量指标

一级指标	二级指标
研发投入	R&D 投入资金
	企业从业人员中 R&D 的人员比例
	技术开发活动的基础设施投入
	企业对于技术研发部门的资金投入占主营业务的比例
创新成果价值	企业百名研发人员拥有的授权发明专利数
	企业百名研发人员拥有的文化创意产品版权价值
	企业百名研发人员承担的文化创意产业计划项目数
	企业具有核心技术特征的创新成果获奖数
	自主创新的产权市场价值
创新知识应用	企业人员平均文化程度
	创新队伍稳定性
	企业人员平均专业化水平
	引入组织创新的程度
创新优化	企业创新服务销售收入占主营业务收入的比例
	创新资金增长率
	创新项目平均周期
	企业的创新服务项目的市场占有率

3. 数据处理结果及分析

通过将测量指标的相关数据代入模型（4-3），计算结果如表4-4所示。

表4-4　DEA 效率

企业	CCR 效率	交叉效率模型效率值				博弈交叉效率排名
		博弈交叉型	进攻型	温和型	普通型	
A	0.5432	0.4432	0.2430	0.3423	0.2901	9
B	0.5091	0.4699	0.1904	0.3123	0.2311	10
C	0.6842	0.5628	0.3331	0.5112	0.4532	8
D	0.6901	0.6623	0.3451	0.4013	0.3878	7
E	1.0000	0.9892	0.7848	0.9077	0.8880	3

续表

企业	CCR 效率	交叉效率模型效率值				博弈交叉效率排名
		博弈交叉型	进攻型	温和型	普通型	
F	1.0000	1.0000	0.8821	0.9993	0.9101	1
G	1.0000	0.9992	0.8422	0.9612	0.8902	2
H	0.9312	0.8831	0.5371	0.6121	0.5460	4
I	0.8103	0.7909	0.5400	0.6467	0.6001	6
J	0.8901	0.8012	0.6302	0.7911	0.6921	5

从表 4-4 可以看出，在 CCR 效率模型中，E、F 和 G 的效率都是 1.0000，这为效率排序增加了难度；同时，作为第 1 名的 F，巴士在线传媒作为江西文化企业 10 强，在本次排名中高居第一，而排名第二的三清山旅游文化集团则是一家注册资金 5000 余万元，总资产达 2 亿元的旅游文化企业，目前企业整体营业性投资达 10 亿元，年销售收入达 2 亿元，在江西省文化产业领域具有较大影响力。由此可见，仅仅通过 CCR 效率模型是较难测量、对比服务模块化程度带来的价值创造大小的。

博弈交叉效率 DEA 效率收敛值计算结果如图 4-14 所示。通过 15 次迭代，所有被评价单元的效率值最终收敛。将 10 家文化创意企业的博弈效率收敛值与服务模块化程度值汇总如表 4-5 所示。

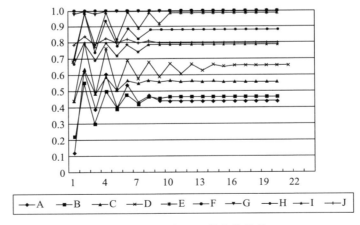

图 4-14　博弈交叉效率收敛值

而进一步提升顾客满意度与忠诚度。动态式协同增强了服务模块化价值网络内部各服务模块成员的服务协同性和相互依存性，无论是合作式协同还是竞争式协同都需要各服务模块成员彼此间协作共进、共同发展，才能有利于服务模块化价值网络的整体价值创造。

四、服务模块化网络价值创造的案例比较

理论上，产品服务系统已经超越传统线性价值链范畴，其系统结构以网络组织的存续环境和利益关联为前提，以信任、共享、合作与竞争结盟为内涵，并以网络化、虚拟化、敏捷化实现和动态性整合为标志，甚至覆盖一个跨行业、跨区域或全球化的商务社区。即由单个产业价值链延伸至所有相关产业的产业价值链集合。Baldwin 和 Clark（1997）最早提出模块化概念，认为当前产业已进入模块化设计、生产及消费的大发展时期，而后，青木昌彦（2001）提出模块化是一个半自律子系统，通过与其他模块按照一定界面规则相互联系而构成的复杂系统。在此基础上，苟昂（2013）、余东华等（2014）、盛革（2016）等学者认为，在价值网中存在若干价值模块，通过模块化方式作用于价值网络而运行。在产业界，企业为了提高运作效率，优化资源配置，通过对传统的集合型价值链进行解构、裂变、整合与重建，形成了具有兼容性、可重复利用、符合界面标准的价值模块，再将这些价值模块按照新的规则和标准在新的界面上进行重新整合，提升服务模块化价值网的服务定制化水平。

目前，服务模块化价值网的研究主要有三个特点：一是将服务模块化与网络组织割裂研究，没有意识到服务模块化价值网本身就是一种特殊的网络组织；二是将服务模块化某一方面与网络组织进行契合分析，缺乏系统对网络组织的服务模块化研究；三是对服务模块的研究大多集中于价值

链层面，没有上升到价值网层面分析。此外，产业服务模块化价值网并非千篇一律，而是受不同产业环境与产业属性作用，其产业服务模块化价值网呈现显著差异。为此，从产业对比的角度，本书选择卷烟产业和食品制造业来分析服务模块化网络对价值创造的影响机理。

卷烟产业是一种行政管制产业，具体体现在烟草国家专卖体制，即专卖主体的特殊性、产业经营的垄断性以及管制范围的广泛性等。为了打破烟草市场的区域封锁，形成一个全国统一的大市场，国家对卷烟产业进行工商分离改革，烟草生产与销售模块职能实现了形式上的分离，但现实而言，卷烟产业地域垄断等现象依然存在并制约产业价值网服务模块化，与国外相比，我国卷烟产业处于大而不强的尴尬局面。与此不同，对高度市场化的食品制造业而言，其产业市场化水平明显高于卷烟产业，但需要注意的是，当前食品安全等诸多产业问题已引起广泛关注。如何破解上述问题，提升产业价值网的价值创造水平，已成为学术界和产业界关注的焦点。鉴于此，基于比较视角，对卷烟产业和食品制造业的价值网点、线、面三个层次比较分析，力求厘清二者的产业环境和产业属性对产业服务模块化网络对价值创造的影响机理差异，为产业价值网服务模块化设计与治理提供新思路。

（一）节点的价值创造

价值模块对信息的加工处理能力，对网络组织创新的贡献是节点在网络组织中地位与权威的重要依据，是价值模块活性的直接体现。除此之外，价值模块的活性还体现在价值模块的裂变性、独立性与价值模块界面的标准化。通过比较，卷烟产业和食品制造业价值模块节点活性差异如表5-1所示。

1. 价值模块节点的裂变性

价值模块裂变的前提是服务系统能够被分解，被分解的价值模块通过重新组合形成新的服务体系。价值模块通过分解、裂变与自由联结，能自主地选择最优措施应对服务定制化需求，如脑神经细胞一样自由联结、变换角色，通过灵活多变的方式应对外界的不确定性。因此，**价值模块裂变是市场化的结果。**

表 5 − 1 卷烟产业和食品制造业价值模块节点比较

比较维度	产业类别	卷烟产业	食品制造业
价值模块裂变性		有限	无严格的限制
价值模块独立性	信息处理能力	依赖于上级指令	独立的决策能力
	价值模块界限	清晰	模糊
	价值模块内聚性	低内聚	高内聚
价值模块界面标准化		纵向	横向

在卷烟产业价值网中，国家管制广度包含烟草及其制品，甚至包括与之密切相关的烟机、烟用辅料等，从横向上遏制了其价值模块裂变性；就管制深度而言，包括产量计划、产品定价、企业的基本建设到进出口审批权限等全部集中于中央国家行政机关。市场化是产业价值网服务模块裂变的原动力，在服务需求的个性化环境下，食品制造业价值网在服务时间、服务要求、服务层次上必须快速满足消费者的需求，这依赖各服务模块能够迅速、高效联结，客观上要求产业价值网各服务模块具有较高的裂变性。

2. 价值模块节点的独立性

在价值网中，服务集成商由于无法为顾客提供集成化服务产品，而将集成化产品服务系统分解成若干独立模块，分包给相应的服务供应商完成。服务模块独立性由三要素构成，即价值模块的信息处理能力、价值模块内聚性和价值模块界限，三要素的关系如图 5 − 8 所示。价值模块内聚性是指价值模块内部价值要素相关的紧密性，当价值模块内部的要素结合紧密，价值模块间的功能相关性就变得疏远，决定其单个模块的独立性越强，这是价值模块独立性的内在基础。价值模块的信息处理能力是指价值模块能否自主处理经过本价值模块节点的信息处理能力，这属于价值模块独立性的外在体现。当价值模块间界限处于模糊状态时，即价值模块间相互渗透性强，其价值模块对其他价值模块的控制力就越强。需要强调的是，当价值模块节点界限过于明晰时，会割断价值模块节点间的某种关联，不利于其价值节点服务模块化运作，当模块间界限趋于消失时，即价值模块间完全融合，无疑会影响其原有价值模块的自主信息处理能力。

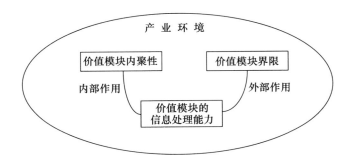

图 5 - 8   价值模块独立性三要素作用

从图 5 - 9 我们可以发现，在烟草专卖体制作用下，卷烟产业各价值模块遭受强制切割，各价值模块的独立性受到一定限制。就价值模块内聚性而言，卷烟产业价值网的各价值要素通过行政手段而非市场化配置，导致价值模块呈现低内聚或低封装性。例如，在卷烟生产价值模块中，国家在全国设立 30 家中烟公司，各中烟公司承担着生产价值模块中的卷烟加工职能，而与之紧密相关的烟机供应、原材料采购等价值要素被行政分割，限制生产模块的内聚性。工商分离后，卷烟产业各价值模块节点界限进一步明晰化，如中烟公司虽然具备卷烟制造的合法权利，但烟叶收购、卷烟销售等职能必须依赖所在区域的烟草公司，烟草生产企业的卷烟设计、制造设计与研发由隶属于国家烟草专卖局的烟机公司承担。受烟草专卖体制的影响，卷烟产业价值网中，较低的模块内聚性和过于明晰的模块间界限，制约着卷烟产业各价值模块信息处理能力的自主性。

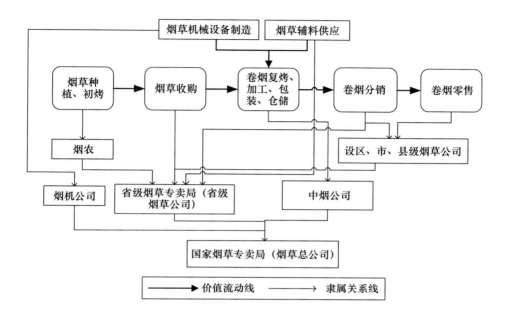

图5-9 卷烟产业价值网运行

从图5-10我们可以看出，食品制造业价值网的价值要素由市场统一支配，使模块价值要素的分配呈现多元化、灵活化特征。以乳制品产业价值网为例：在我国，乳制品产业集聚了蒙牛、伊利、光明等全国性的乳制品企业及各区域乳制品企业，各企业可以根据市场需求自主决定本企业的战略及经营行为。为减少不同价值模块间的交易成本，各服务主体不断提升组织的服务模块化水平，如蒙牛为了提升自身产业链，在立足乳制品加工职能基础上，延伸产业链，现已涉及原奶供应、物流及营销等多个价值功能。部分乳制品企业实行"乳企＋奶农＋协会"、"乳企＋冷链物流"形式，部分乳制品企业在企业内部成立物流公司或者入股奶农养殖基地等模式提升食品制造业价值模块节点的相互渗透能力，提高节点价值模块内聚性，加强其价值模块独立性。基于二者的产业比较，食品制造业价值网络价值模块节点独立性明显高于卷烟产业。

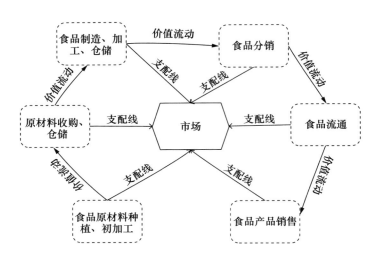

图 5 – 10   食品制造业价值网运行

3. 价值模块节点的界面

界面是系统单元之间价值要素集成与其集成机制的总和，在产业价值网中，价值模块界面是一种可见的信息，既存在于服务模块与顾客之间，也存在于其他服务模块之间。前者主要针对产业价值网终端价值模块对消费者服务的便利性，后者侧重在服务价值实现过程中的各价值模块节点间模块化运作的效率性。由于价值网络节点模块的自组织性，各价值模块能够进行自由联结，其联结效率、范畴与价值模块界面标准化有直接关联。在图 5 – 11 中，通过终端价值模块（价值模块 4）界面标准化设计能够最大限度地将顾客要素与产业价值要素实现集成，如服务主体通过大众化服务平台实现不同层次的顾客需求。就产业价值网内部服务模块而言，价值模块界面的标准化如同复杂系统零部件的通用化一样，通过不同零部件标准化设计与制造，实现零部件的互换与替代，能够促进产业价值网络的模块化，降低价值实现成本。由于市场化水平差异，食品制造业与卷烟产业价值网节点模块界面标准化构建分别呈现横向与纵向特征。

卷烟产业价值网节点模块界面标准化横向性主要体现在两个方面：一是价值模块内部服务主体融合性，由于模块内部各服务主体间界面的标准

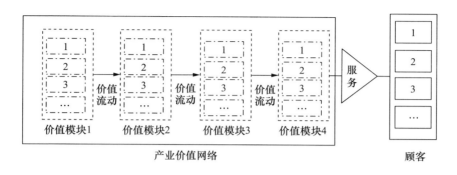

图 5 - 11　产业服务模块化价值网价值流动

化，能够促使相同或相似的价值要素进行模块化融合或替代，实现价值模块内部要素的模块化整合。以乳制品产业服务模块化价值网为例，原奶供应价值模块内包含了奶农、奶农合作社、原奶收购商等若干服务主体，而由于自身的规模、实力不足，往往会选择与其他服务主体抱团组合，形成规模或集聚效应。在节点价值模块界面选择上，产业价值网价值实现方式的多元化依赖不同节点价值模块的联结，模块界面标准化能够促进不同价值模块及其服务主体的联结灵活性，满足顾客多元化需求。就原奶供应价值模块而言，奶农（原奶合作社）将生产的原奶向乳品生产价值模块各服务主体（乳制品企业）输送，但在输送对象选择、输送模式选择上存在多样性，如参股、一次性交易、长期协议等。

二是有限的市场化促进卷烟产业价值网模块界面标准化的纵向性发展。界面标准固定化的价值模块界面的组成要素结构及集成机制受到外在体制干预，如卷烟生产企业在专卖体制作用下，其价值要素仅仅包含了制丝、卷接、包装、仓储配送等，与生产密切相关的烟叶采购、成品销售等价值要素被剥离，限制其价值模块节点的集成性。价值模块界面联结专一性与食品制造业价值模块节点联结多元化相比，其价值模块界面行为均是服务于特定的服务主体，如烟农将生产的烟叶只能合法出售给国家烟草公司，卷烟生产企业不能直接从烟农处购买，而只能从烟草公司调拨，将其成品交由烟草公司进行销售。

（二）线性价值创造

1. 网络租金获取

产业价值网服务模块化是一种获取网络租金的高效方式。为获取网络租金，参与的价值模块通常要贡献出部分异质性资源，并与其他价值模块所贡献的资源组成共有资源储备，如信息共享平台、合资企业、合作关系等。这被称为共享资源，又称为组织间资源，反之则为私有资源。这种资源包括网络参与者的关系专用性投资、知识共享路径、互补性资源及良好的合作关系等，在市场化条件下，共享资源所占比重越高，其价值模块网络租金的获取能力越强。

从共享资源比重来看，国家烟草专卖局能对整个产业价值网资源进行支配，各模块服务主体对本领域的资源并无决定权，说明卷烟产业价值网共享资源比重极高。与之相比，食品制造业各价值模块节点所有权隶属于不同利益主体，价值模块节点建立联系是基于共同利益，需要双方将各自异质性私有资源的部分资源作为共享资源，以此作为网络租金获取的基础。例如，蒙牛乳业将冷链运输业务服务外包给冷链物流公司，这种联系的构建要求冷链物流公司提供专业的设备和人员资源。同时，蒙牛公司提供产品的规模和品种信息及费用，在这种联系结束前，这属于共享资源，随着货物送达接收地，这种联系也随之结束。就两种产业发展现实而言，两种产业价值网均获取了较高的网络租金，但其网络租金的获取机制存在差异（见表 5 – 2）。

表 5 – 2　卷烟产业与食品制造业网络租金获取比较

比较维度　　　　　　　产业	卷烟产业	食品制造业
共享资源比重	大	小
网络租金获取机制	行政垄断	市场竞争

卷烟产业的行业垄断和地区垄断，缺乏市场竞争是获取高额的网络租金的重要因素。高度市场化刺激着食品制造业价值网络服务模块化运行。一方面，通过价值模块内部市场化运行，降低成本，提升价值模块的价值创造效率；另一方面，由于服务模块化价值网络的自适应配置，在促进资源配置优化的同时，能够实现敏捷制造，实现价值需求的最大化，通过"一升一降"拉大差额，也能获取高额的网络租金。分析表明，食品制造业网络租金的获取是在市场化条件下服务模块化的结果，卷烟产业的网络租金获取则是行政垄断的结果。

2. 耦合松散关系

在产业价值网中，每个价值模块节点能够直接对外部环境自主做出反应，无须通过上级的命令，但价值模块节点联系并不是无序的，具有异质功能的价值模块节点通过有机耦合与自主协同，能够实现单个价值模块无法完成的任务，也能够保持产业服务系统的稳定性与灵活性。模块节点的耦合分为紧密耦合和随机耦合两种形式。紧密耦合的模块节点联系往往依赖外部行政力量的干预，表现为行政指令、章程、法律法规等带有强制性模块节点联系形式，具有稳定性特征，常运用于科层组织中。随机耦合的模块节点联系则依赖完全透明的市场交易和价格机制，表现为动态性和随机性，松散耦合是介于二者之间的中间形态，即服务模块化价值网形态的价值模块节点形式表现为契约、信用、协议等联结形式。由于产业环境及产业属性不同，其价值模块间的耦合松散关系不同。

在卷烟产业价值网中，其价值模块节点联系具有强制性、固定性特征，如行政指令、法律法规等。受国家烟草专卖体制影响，各价值模块被行政分解，导致各价值模块的价值要素完整性存在缺陷，制约价值模块的独立性。以烟农为代表的烟草供应价值模块为例。国家烟草专卖条例规定，烟农的烟草种子、烟草种植面积及烟草销售统一由当地烟草公司进行统筹，而烟农作为其价值模块的核心主体只负责烟叶栽培、初烤，价值要素的强制分离无疑弱化了其价值模块的活性。烟叶生产价值模块包含了卷烟制丝、包装、卷接成品配送、烟机设备供应、卷烟生产计划等价值要素，这些价值要素又分别由烟草公司、卷烟厂及烟机公司等承担，各服务主体均隶属于国家烟草专卖局，通过行政配置的价值要素制约各服务主体的自主性，导致其价值模块间的联系存在被动性、强制性，如卷烟厂不能根据市场自主决定其烟叶材料采购、计划分配量，而只能依据国家烟草专卖局的计划指标，通过烟草公司的调拨，其成品也必须依赖烟草公司的销售。

在高度市场化环境下，食品制造业价值网的价值模块间联系呈现主动性、动态性特征。其一，网络组织各节点价值模块参与企业能够自主决定本企业的决策行为，能够基于自身利益的最大化去选择最适宜的模块供应商，组成共享网络资源，获取网络租金收益。例如，蒙牛在产品配送方面，通过与专业冷链物流公司进行联结，实现资源优势互补，这种联结是建立在产业价值网模块化的结果。其二，在市场调节下，服务模块间的联结方式会随着双方资源、市场环境以及网络共享路径的变化而变化，显然其服务模块间的联系方式是一种动态的。例如，蒙牛在做产品分销时，针对内蒙古本地，通过构建自配中心并招募社会人员负责配送，针对华北地区，采取公司"直营＋经销商配送"模式，针对长江流域以南地区，采用传统经销代理金字塔垂直模式，针对北上广等一线城市，蒙牛集团采取电子商务式直销模式。

（三）界面价值创造

1. 界面规则的作用：整合与模块化

界面规则的目的是解决产业服务模块化价值网不同价值模块界面间价值要素的集成，将众多离散事件进行协调，实现其产业价值创造。服务模块化价值网络既保持了一体化企业的规模效应，又具有灵活多变的生产特质，成为产业组织形态演进的一种新趋向。界面规则行为具体归纳为模块界面内外部的决策、沟通、激励、冲突解决等方面机制的集合，而从界面规则形式上讲，包含了显性和隐性两方面。服务模块化恰恰是资源整合的一种特殊形式，如在某些产业价值网中，一体化的层级组织正在被具有可渗透、内部化和模块化特性的非层级制实体（即模块化组织）所取代。由于不同产业所处服务模块化阶段不同，其产业价值网不同价值模块间界面规则的作用形式不同。

自烟草工商分离改革以来，卷烟产业价值网的服务模块化水平得到提升，但在烟草专卖体制作用下，其产业价值模块界面规则呈现一定的科层组织特性，如产业价值网络的封闭性。从显性的界面规则来看，在决策机制上，国家烟草专卖局对整个产业价值网审批等决策权限集于一体，对各节点模块组织实行自上而下的决策模式。在沟通机制方面，依赖垂直渠道沟通机制，表现为一对多或多对一模式，平行沟通机制难以解决实际问题，而这种模式无疑弱化了其产业价值网络的服务模块化效率。如当某省级中烟公司需要及时调整烟草采购计划时，由于其自身价值模块界面缺乏独立性，而必须通过上级进行沟通解决。同理，在冲突解决机制等方面，需严格依赖国家烟草专卖法及其附属制度通过行政协调解决等。隐性界面规则作用更多地表现为价值模块间的信息共享与信任机制等方面，对于卷烟产业价值网而言，其价值模块缺乏模块活性，不同价值模块间难以形成直接共有利益，导致制约其模块间的信任度的提升。

与之相比，食品制造业价值网中并没有类似拥有权力集中的价值模块组织，在市场调节下，各节点价值模块界面的标准化设计使可与之联结的价值模块界面选项数目增加，进而促进其价值模块节点决策的独立性。在产业服务系统复杂化趋势下，受网络租金的诱惑，各价值模块常会主动寻求"伙伴"价值模块进行合作，由于各价值模块本身的独立性，涉及决策方面，通常是在核心价值模块（食品加工制造模块）主导下，各价值模块共同参与决策的结果，最终实现优势互补、互利共赢。食品制造业服务模块化价值网能够实现服务定制化依赖其灵活的沟通机制，如按需沟通、直接沟通，多对多或点到点的沟通能够快速实现价值模块节点联结效率，而不受到外来因素的干扰，进而实现敏捷制造。在价值模块冲突解决机制方面，食品制造业除了可以依赖国家相关法律法规外，更多的还依赖双边的契约，或者是可基于双方的利益、信任关系进行协商解决，这也体现了其界面规则隐性的一面。

2. 界面规则的设计：接口设计与部件设计

在李秉翰（2010）界面规则耦合设计基础上，本书将产业服务模块化价值网界面设计分为部件设计和接口设计两部分。部件设计是指对模块本身的内聚性设计，即各服务模块应保持尽可能的独立，减少对其他模块的影响。具体而言，就是模块内部各功能要素具有较高的相关性，将具有相同或相似的功能要素进行归并，减少不必要或重复的功能，进而实现模块高内聚性。接口设计是指将价值网内各模块界面灵活联结设计，有助于使用者对整个服务模块化价值网络的有效分解，且能促进模块间的信息传递，使价值网络的模块呈现松散耦合的状态。就现实产业而言，不同环境下规制的产业服务模块化价值网的部件设计和接口设计存在差异。

就烟草系统部件设计而言，各价值模块内部相关价值要素被行政分割和限制，相同或相似价值要素无法自然归并，制约着其价值模块内聚性的形成，如在卷烟生产价值模块中，烟叶收购、卷烟成品加工、烟机设备供应、辅料供应等价值要素所属的服务主体无法归并，而且在地域分布上，各省（市、区）都形成了本区域完整的烟草产业价值网，制约其价值模块的高内聚性。在接口设计上，卷烟产业各价值模块界面联结具有线性和专一性，难以实现灵活联结，这是受非市场因素干预的结果，使产业价值网呈现紧密耦合关系。

与之对应，食品制造业价值网各价值要素布局并无统一模式，各价值要素之间能够根据市场环境的实际需要实现价值要素的最优配置。食品制造业集聚现象本身就是产业服务模块化的结果，一是表现在分工协作体系上，由于农产品生产和供应、食品加工与流通等价值要素由不同的服务主体承担，具有明显的模块化分工趋势，提高整个产业价值网的价值创造效率，在地理位置上的临近，促使各相同或相似的价值要素归并成本大幅降低；二是集群促使资源区域共享能够加速各价值模块界面内各价值要素的自然归并，减少重复功能价值要素的功能，如通过农产品技术协会等组织，将农产品技术与信息支持等价值要素的归集，能够促进整个农产品生产价值模块的高内聚。与卷烟产业价值网服务模块联结方式固定化相比，食品制造产业的接口设计呈现灵活性特征，而蒙牛根据不同地域市场环境所创立的扁平网络、公司直营与营销配送、电子商务式直销等营销模式就印证了这一点。

3. 界面规则设计程序：前馈设计与同期设计

根据模块界面规则的设计程序而言理论上可以分为前馈设计、后馈设计以及同期设计。前馈设计是指在价值网络价值创造活动之前对已经规范出界面的设计规则；同期设计是指在价值网络价值创造活动中对模块界面设计规则进行设计调整；后馈设计一般是指价值网价值创造活动完成后，对模块间界面规则进行设计，但在现实产业中基本不存在。卷烟产业价值网的界面规则设计属于典型的前馈设计类型，国家烟草专卖局对烟草系统内产供销各环节进行全方位管制，带有浓厚的行政属性，烟农、烟草工业企业、烟草商业企业通过既定的价值转移机制进行价值创造活动，且烟草产业各价值模块难以改变或影响模块界面联系规则的制定。食品制造业经过长期发展，已形成较完善的界面规则联系，且随着市场环境变化而不断进行调整，明显具有同期设计的特征。

（四）小结

产业服务模块化价值网不是基于权威控制的层级制组织，也不是完全的市场交易，而是一种基于自身目的和需要，以自愿参与或退出、自主决策、相互信任、互惠互利等基本原则为指导，在明确约定或默认的界面规则、机制以及不完备契约等条件下形成的行为主体间的社会互动系统，是一种特殊的网络组织形式。通过卷烟产业和食品制造业的案例比较，我们发现，产业环境和产业属性对产业服务模块化价值网运行及价值创造有直接影响，且这种影响不仅是产业价值网的局部影响，而且是对产业价值网的节点模块、线性联系、界面等各层次的影响。研究发现，市场化能够促进产业价值网服务模块化，提高产业价值网络的价值实现效率，在必要时，非市场化举措能促进产业价值网的价值创造的持续性与稳定性。

与食品制造业相比，卷烟产业是一种管制产业，历史经验告诉我们，卷烟产业的国家专卖体制不能改变，对烟草这个特殊产业只有加强集中管理，才能避免盲目发展；只有实行国家垄断经营，才能避免财源流失。因此，只有在坚持烟草专卖制度的基础上，对卷烟产业价值网进行服务模块化设计与治理。具体而言，就是根据具体产业环境与产业属性，利用网络组织的特性，加强产业服务模块化价值网价值模块节点的内聚性设计、提升节点价值模块间的耦合松散关系及加强产业价值网的界面部件设计与接口设计，能够提高产业服务模块化网络价值创造效率，这对当前我国产业发展具有重要的现实意义。

五、服务模块化网络价值创造模式评价

（一）服务模块化网络价值创造典型模式的构建

根据服务模块化网络价值创造的内涵及特点，结合相关文献资料，本书研究了影响服务模块化网络价值创造能力的三种典型模式——松散型价值创造模式、调和型价值创造模式、融合型价值创造模式，并进行相关分析。研究表明，服务模块化网络中各服务模块主体间关系强度和整个网络结构融合度，对网络中服务模块主体间知识信息的流动具有重要影响，进而影响价值创造效果。为了达到预期目标，服务模块主体通常因地制宜，选择适当的模式进行价值创造，以更好地促进知识及其他资源的协同，提高价值创造能力。

根据服务模块主体间关系强度及网络结构融合度的不同，服务模块化网络价值创造可划分为三种服务模块化网络价值创造模式（见图 5 - 12）。

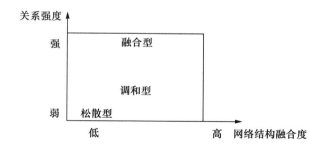

图 5 – 12 服务模块化网络价值创造模式

1. 松散型价值创造模式

在该模式中，各服务模块主体之间的联系较松散，合作频率低且每次合作的持续时间较短。相互合作的服务模块主体之间缺乏交流所需的较成熟的技术水平，或者虽有交流但层次较浅、信任度低。因此，该模式呈现出低融合水平、弱联结关系的特征，大部分服务模块主体相互之间并无直接联系，即便是核心服务模块也只与少数其他成员服务模块具有合作关系。由于在该模式中各服务模块主体相互之间的联系松散、层次浅，而且弱关系的建立成本较低，因此服务模块企业进入和退出网络的门槛和成本均较低，从而导致该创新模式的稳定性较低。总之，合作的不深入导致网络中各服务模块主体的知识和资源不能充分地流动和利用，也不能充分发挥协同效应，总体上对价值创造是不利的。

2. 调和型价值创造模式

调和型协同是一种相对折中的价值创造模式。在该模式中，具有直接联系的服务模块企业之间的合作较深入，交流也较频繁，表现出较高的信任度，因此协同的各服务模块主体易采取积极的合作态度，能促进隐性知识更有效地转移。总体来说，在该模式下，服务模块主体之间的合作还是较多的，协同效率较松散型价值创造模式也有所提高，但合作依然不够深入，仍有部分参与价值创造的服务模块企业间并没有建立起较强的融合性关系，因此网络依然处于不稳定期，网络整体的协同能力有待提高，协同效应尚未充分发挥，属于不断发展的阶段。

3. 融合型价值创造模式

融合型价值创造模式更重视创新过程中把各个创新要素和创新内容集中在统一的操作平台，从技术形态、治理形态、契约形态、知识形态等多个维度进行全方位深度整合，为服务模块化网络价值创造提供了新视域。在该模式中，价值创造主体之间不仅直接联系多，并且大多进行的是较深入的合作，相互间的信任度也高。由于具有强关系、高融合特征，在服务模块化网络内形成了一种被各服务模块企业认可和遵循的网络"文化和规范"，网络结构较稳定，无论是服务模块成员退出还是进入都相对较难。在协同关系没有过度冗余之前，各服务模块主体之间的知识、资源由于流动和共享能充分发挥其价值，整个网络的价值创造能力较高。

（二）AHP 方法确定指标权重

构建服务模块化网络价值创造模式评价模型。选择 Delphi 法和 $1 \sim 9$ 标度法构造各层因素之间的两两判断矩阵 Q 且满足：$a > 0$，$a_{ij} = 1/a_{ji}$，$a_{ii} = 1$

$$Q = \begin{bmatrix} q_{11} & q_{12} & \cdots & q_{1m} \\ q_{21} & q_{22} & \cdots & q_{2m} \\ \vdots & \vdots & \vdots & \vdots \\ q_{m1} & q_{m2} & \cdots & q_{mm} \end{bmatrix}$$

获取判断矩阵 Q 后，采用根法求解各准则权重向量，步骤如下：

（1）计算 α_i。

$$\alpha_i = \sqrt[m]{\prod_{j=1}^{m} q_{ij}} \qquad (5-1)$$

（2）对向量做归一化处理可得，$\alpha = (\alpha_1, \alpha_2, \alpha_3, \cdots, \alpha_m)^T$，令

$$w_i = \alpha_i / \sum_{k=1}^{m} \alpha_k \qquad (5-2)$$

（3）由式（5-1）和式（5-2）可分别计算得出一级指标和二级指标的权重：

$$w = (w_1, w_2, \cdots, w_n)^T \qquad\qquad (5-3)$$

$$w_i = (w_{i1}, w_{i2}, \cdots, w_{in})^T \qquad\qquad (5-4)$$

计算出各层级的指标权重，可以进一步得出二级指标相对于一级指标的相对权重：

$$w^* = w \times w_i \qquad\qquad (5-5)$$

因其受到专家打分主观性判断的影响，需要对判断矩阵进行一致性检验，检验步骤如下：

（1）求出一致性指标：

$$CI = \frac{\lambda_{max} - m}{m - 1} \qquad\qquad (5-6)$$

（2）查表得到平均随机一致性指标 RI

（3）计算一致性比率 $CR = \frac{CI}{RI}$，当 $CR \leqslant 0.1$ 时，接受判断矩阵；否则，修改判断矩阵。

（三）TOPSIS 方法评价指标

考虑到本书构建的创新能力评价指标的非定量性，一般的评价方法无法客观准确地衡量指标权重并做出判断。逼近理想排序法——TOPSIS 法（Technique for Order Preference by Similarity to Ideal Solution）由 Hwang 和 Yoon 于 1987 年首次提出，是系统工程中有限方案多目标决策分析的一种常用的决策技术，近年来被广泛应用于多指标的综合评价中。这种方法通过构造多属性问题的理想解和负理想解，以靠近理想解和远离负理想解两个基准作为评价各可行方案的判据。TOPSIS 法具有分析原理直观、对样本容量要求不大以及受主观因素影响小等特点。鉴于此，本书通过专家打分构建判断矩阵，采用 AHP 分析计算各评价指标的权重，并与 TOPSIS 法相结合，借助各样本企业到正、负理想解的距离所确定的相对贴近度作为评价标准对各种模式的创新能力进行判断分析。

根据专家意见，构建初始矩阵 X。

$$X = \begin{bmatrix} x_{11} & x_{12} & \cdots & x_{1q} \\ x_{21} & x_{22} & \cdots & x_{2q} \\ \vdots & \vdots & \vdots & \vdots \\ x_{p1} & x_{p2} & \cdots & x_{pq} \end{bmatrix} \quad i = 1, 2, \cdots, p \quad j = 1, 2, \cdots, q$$

其中，x_{pq} 是第 p 家企业的第 q 个二级评价指标的评价值。

将矩阵 X 标准化为矩阵 R，再根据评价指标的权重 W^* 和标准化矩阵 R，建立加权模糊矩阵 V：

$$V = \begin{bmatrix} v_{ij} \end{bmatrix} = r_{ij} \times w_j^* \tag{5-7}$$

确定理想解和负理想解：

$$v^+ = \{ (maxv_{ij} \mid j \in J^+), (minv_{ij} \mid j \in J^-) \} = \{ v_1^+, v_2^+, \cdots, v_n^+ \}$$

$$v^- = \{ (minv_{ij} \mid j \in J^+), (maxv_{ij} \mid j \in J^-) \} = \{ v_1^-, v_2^-, \cdots, v_n^- \} \tag{5-8}$$

其中，$J^+ = \{$效益型指标集$\}$，$J^- = \{$成本型指标集$\}$。

计算到理想解和负理想解的距离。到理想解的距离是

$$S_i^+ = \sum_{j=1}^m d(v_{ij}, v_j^+) = \sqrt{\sum_{j=1}^m (v_{ij} - v_j^+)^2} \tag{5-9}$$

到负理想解的距离是

$$S_i^- = \sum_{j=1}^m d(v_{ij}, v_j^-) = \sqrt{\sum_{j=1}^m (v_{ij} - v_j^-)^2} \tag{5-10}$$

计算各方案的相对贴近度：

$$C_i^* = \frac{S_i^-}{S_i^- + S_i^+} \tag{5-11}$$

按相对贴近度的大小，对各方案进行排序。相对贴近度大者为优，相对贴近度小者为劣。

（四）服务模块化网络价值创造模式案例分析

通常，文化创意产业间以文化创意产业链为关联基础，而文化创意产业链之间又以文化创意产业聚集为理论基础，形成从企业集中到产业集中再到产业集群的文化创意产业服务模块化网络。就江西文化创意产业而

言，江西文化创意产业群模块化进程的加速，实现了横向和纵向两条产业链服务模块化的价值增值。

从纵向产业链看，江西文化创意产业围绕创意→输入→输出→分销与传播→最终顾客消费等环节构成基本的纵向服务模块化产业链。以大学或者科研机构为首的文化创意源泉为起始点，或者通过分包将一些产品的创意开发纳入其业务而形成文化创意产业开发模块；金融服务模块的投融资，提供了整个链条往下发展的资金支持，并分担了创意由虚拟向实体转化的关键一步；由于文化创意产品并非消费刚性需求，因此推广宣传模块中那些拥有资源与信息优势的传媒企业就成为产品走向市场的重要桥梁；基于产品高风险高附加值的特点，拥有地理区位优势的文化创意工业园区就成为整个产业集聚的最终形态。在纵向产业链的价值与信息传递的过程中，通过链式反应和关联效应而自发产生的服务流程模块化进程是整个链条显著的特征，主要包含内部服务模块、生产经营模块、外部服务模块和营销宣传模块四个方面的内容。这些服务模块之间以纵向产业群的形式通过耦合稳定的接口进行信息传输与价值传递，其中价值链、生态链、地理区位、配套服务系统穿插其中，完成了纵向的产业集群模块化。从横向的产业集群视角来看，江西横向文化创意产业通常以同类型企业为基础，以服务外包或者委托代理的合作形态或者竞争的非合作形态为主，通过产业集聚共生共存，同时在产业链条上的不同节点发挥作用形成规模经济。江西同类型文化创意企业在整个产业集群中通常处于合作与竞争并存的态势，在组织形态上以模块化作为组织边界，以信息沟通平台作为模块的接口，以企业的核心技术与资源作为企业在横向产业集群竞争的关键模块，而以同质模块的资源共享（包括基础设施，文化背景，品牌，培训等）或者服务外包为主要的合作手段。通过纵向的、横向的产业集群效应，江西文化创意产业完成资源的合理分配、技术优势的共享与组织形态之间的信息沟通。

这种集群创新模式实现了各服务模块主体之间优势资源互补，构建出一个关联度极高的文化创意产业集群，成为前面所述的服务模块化网络融合型价值创造模式的典范。本书根据专家咨询意见拟定对可行性方案的评价准则，建立服务模块化网络价值创造的层次结构模型（见图 5 – 13），对服务模块化网络价值创造的不同模式进行评价。

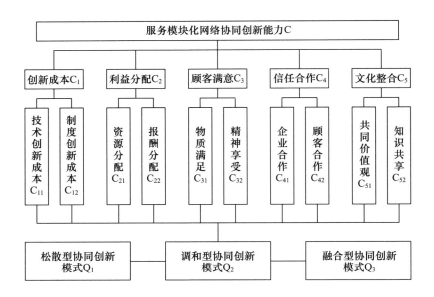

图 5 – 13 服务模块化网络价值创造能力评价模型

根据专家意见，可得出一级指标的原始判断矩阵为：

$$Q = \begin{bmatrix} 1 & 1.3 & 1/2.1 & 1.6 & 2.2 \\ 1.3 & 1 & 1/2.3 & 1.7 & 1.9 \\ 2.1 & 2.3 & 1 & 2.5 & 2.7 \\ 1/1.6 & 1/1.7 & 1/2.5 & 1 & 1.5 \\ 1/2.2 & 1/1.9 & 1/2.7 & 1/1.5 & 1 \end{bmatrix}$$

由式（5 – 1）和式（5 – 2）可得出一级指标的权重向量为 $W = (0.21, 0.18, 0.36, 0.13, 0.11)^T$。

经检验 $CR = 0.047$，满足一致性检验的要求。

再由专家意见给出二级指标的权重为 $W_1 = (0.42, 0.58)^T$、$W_2 =$

$(0.37, 0.63)^T$、$W_3 = (0.29, 0.71)^T$、$W_4 = (0.65, 0.35)^T$、$W_5 = (0.62, 0.38)^T$。由式（5-5）计算得出，二级指标相对于一级指标的相对权重为 $W^* = (0.088, 0.121, 0.066, 0.113, 0.104, 0.256, 0.085, 0.046, 0.068, 0.042)^T$。

由业内专家根据经验对二级指标进行综合评价，打分值为 $[0, 10]$ 的区间范围。由此得出二级指标的综合评价矩阵为：

$$X = \begin{bmatrix} 6.3 & 7.2 & 4.5 & 3.6 & 7.8 & 4.7 & 5.2 & 8.1 & 5.3 & 6.4 \\ 5.7 & 8.2 & 4.9 & 5.2 & 8.0 & 6.3 & 6.0 & 7.2 & 4.9 & 6.3 \\ 7.4 & 6.5 & 5.6 & 7.8 & 7.5 & 8.5 & 6.6 & 6.2 & 5.1 & 6.0 \end{bmatrix}^T$$

先将矩阵 X 标准化为 R，再根据式（5-7）构建加权标准化矩阵 V：

$$V = \begin{bmatrix} 0.029 & 0.040 & 0.020 & 0.025 & 0.035 & 0.062 & 0.025 & 0.017 & 0.024 & 0.014 \\ 0.026 & 0.045 & 0.022 & 0.035 & 0.035 & 0.083 & 0.029 & 0.015 & 0.022 & 0.014 \\ 0.034 & 0.036 & 0.025 & 0.053 & 0.033 & 0.112 & 0.032 & 0.013 & 0.023 & 0.013 \end{bmatrix}^T$$

根据式（5-8）得出3种价值创造模式的二级评价指标的正、负理想解如表5-3所示。

表5-3　二级评价指标的正、负理想解

二级指标	正理想解 v^+	负理想解 v^-	二级指标	正理想解 v^+	负理想解 v^-
C_{11}	0.034	0.026	C_{32}	0.112	0.062
C_{12}	0.045	0.036	C_{41}	0.032	0.025
C_{21}	0.025	0.020	C_{42}	0.017	0.013
C_{22}	0.053	0.025	C_{51}	0.024	0.022
C_{31}	0.035	0.033	C_{52}	0.014	0.013

由表5-3及式（5-9）和式（5-10）可得出各方案到正负理想解的距离为：

$S_1^+ = 0.058$

$S_2^+ = 0.035$

$S_3^+ = 0.010$

$S_1^- = 0.007$

$S_2^- = 0.026$

$S_3^- = 0.059$

根据式（5-11）可得出各方案相对贴近度为：

$C_1^* = 0.108$

$C_2^* = 0.426$

$C_3^* = 0.855$

因此各方案排序为：

$Q_3 > Q_2 > Q_1$

（五）小结

基于服务模块化网络价值创造内涵及其特点，依据服务模块主体关系强度及网络融合度两个维度提出了服务模块化网络价值创造的三种模式。通过案例分析并应用层次分析法对三种价值创造模式进行评价，主要结论如下：

（1）在松散型价值创造模式中，由于服务模块主体之间联系松散、信任度低，主要适用于对信任度要求较低且知识转移较简单的单向价值创造活动，如技术服务模块转让、研发服务模块外包等。

（2）在调和型价值创造模式中，具有直接联系的服务模块主体之间的合作较深入，交流也较频繁，整体信任水平比松散型价值创造模式高，较适合浅层次的双向互动价值创造活动，如联合研发、服务联盟等。

（3）在融合型价值创造模式中，服务模块主体之间关系强度和网络结构融合度都较高，网络的信誉机制也较好，整体信任水平很高，适用于深层次的双向互动价值创造活动，如共建研究机构、共建经济实体、顾客创新参与等。

同时，由于融合型价值创造模式的建立、维护需要较高的成本，从长远来看也不利于服务模块化网络价值创造。因此，在该类价值创造模式中，各服务模块成员应鼓励和构建较开放的服务模块化网络文化，不断优化网络结构，注意吸收"新鲜血液"。

第六章　服务模块化价值网络治理机制的构建与运行

一、治理机制

（一）机制

机制最初是自然科学常用的概念，其原意是指机器构造及其制动原理和运行规则，后来生物学与医学运用类比方法，借机制比喻生物机体尤其是人体的结构和功能，旨在研究它们的内在运行、调节的方式和规律（霍春龙，2013）。作为一种社会科学研究方法，乔恩·埃尔斯特认为机制是经常发生和容易指认的因果模式，这种模式通常由我们没有认识到的条件或不确定的结果所引发。由此可知，机制是一种因果模式，促成这种模式的内在因素和外在因素是多元的。查尔斯·蒂利（2008）认为，机制形成了事件的划界类型，这些事件改变着各种要素之间的关系，它们以相同或相近的方式应对各种变化的环境。

（二）治理机制的内涵

网络组织和科层组织一样都需要治理，网络组织的治理涉及治理的环境、边界、目标、结构、模式、机制与绩效等多个方面，而网络组织能否存续与发展、其独特优势能否得到充分发挥、治理绩效能否得到显著提高，关键在于治理机制。机制到位，就会遏制复杂交易中的机会主义行为；而机制缺失，合作伙伴的利益分歧就会使合作行为发生扭曲。也就是说，网络组织治理的核心问题就是治理机制问题（孙国强，2005）。

网络组织治理是在需求不确定和任务复杂性条件下，具有资产专用性的自治单元相互依赖、合作解决适应、协调与保证交易的问题。这些交易所依赖的机制分为宏观机制与微观机制两个层面，宏观机制是网络组织有序运作和有效治理的环境条件；微观机制是合作成员在互动协作过程中调节行为的基本依据（孙国强，2005）。

何谓网络组织治理机制？许多研究组织间关系的文献都涉及这一概念，但并未给出统一明确的定义。有些研究集中于具体的机制形式（MacNeil，1980；Hakansson & Johanson，1993），而有些研究则侧重不同形式的综合（Reve，1990；Heide & John，1992）。

实质上，网络组织治理机制的本质是成员间的互动、协调及资源的整合，它是一种协调机制（Richardson，1972），这种机制的形成源于网络治理特有的关系属性。当这种关系影响经济主体决策行为时，它就是某种制度的体现。网络治理机制问题实际上是设计新的制度并适应以往合理的制度，前者一般和构建正式的基于法律法规的制度安排相关，而后者则与作为非正式制度安排的文化方面的因素相关，如习俗、伦理道德和价值观等（李维安，2005）。网络治理机制的作用在于保证组织的完整性，使组织行为与其战略目标一致（Stephenson，1999）。

进一步分析，网络治理机制是焦点企业与其伙伴之间互动的规则及规范，是一种界面规则（Interface Rules），其目的是为能解决有关防卫、合作以及协调等组织间的治理问题，是联盟组合的管理与控制活动的基础。

一方面，网络治理机制能够保证及促进伙伴间价值资源的整合及协动、激励伙伴共同进行价值创新、提高联盟决策效率；另一方面，网络治理机制能够尽量消除伙伴间的投机行为，保护交易专有性的投资，降低伙伴间机会主义风险、降低伙伴间互动的成本并保证彼此的利益获取。

（三）治理机制的类别

主流的观点认为，网络组织治理机制可分为契约治理机制与关系治理机制。契约治理机制主要用于交易层面的网络治理，关注如何通过正式契约对网络组织中节点企业间的交易关系进行协调，规避机会主义行为的产生，使交易成本最小化。关系治理是指影响企业间个体行为的非正式协议与默认的行为准则。Mesquita 等（2008）从购买者与供应商之间的关系出发对关系治理机制进行分析，认为关系治理主要包含三种治理机制：基于信息交换的承诺、基于互助的承诺与基于互惠的承诺，他们通过实证研究证明关系治理与企业绩效呈正相关关系。Mesquita 和 Brush（2008）、Dyer 和 Singh（1998）以获得关系性租金为切入点，认为关系治理包括自我实施机制与第二方实施机制，由于自我实施机制拥有降低契约成本、监督成本、适应成本、重新缔约成本等特征而更加有效。相较而言，交易治理更强调网络治理的过程性，即运用契约约束企业行为的过程（Poppo & Zenger，2002），而关系治理更强调组织网络协同效应的实现，可借助信息交换、互助与互惠等工具。关系契约强调交易共同体的规范、团结和制度，交易主体为了保持长期的互惠关系，尽量按照大家都认可的合情合理的规范、习惯、习俗、惯例、制度来行事（袁正和于广文，2012）。

换个角度看，网络组织治理机制也可分为正式治理机制和非正式治理机制。正式治理机制包含合约的义务及为了合作所设计的正式组织机制（Dekker，2004），是一种能与特定个人及其关系独立出来的操作机制，明确表明所期望的结果或行为（Hoetker & Mellewigt，2009）。正式治理机制包括设立目标、书面合约、行为与绩效监控系统等机制；非正式治理机制是指社会性控制（Social Control）与关系式治理（Relational Governance）

（Dekker，2004），是以非正式的文化与系统来影响成员，并以自我规范作为治理机制的基础（Ouchi，1979）。非正式治理机制产生作用的前提是人们能决定自己的行为，自我控制，如关系式治理，包括信任、名声、关系弹性、信息交换与共同行动等机制。

Williamson（1991）提出了另外三种类型的治理机制：市场的、科层组织的以及市场与科层组织混合的。Van der Meer – Kooistra 和 Vosselman（2000）在吸收交易费用经济学提出的市场模式和科层组织模式治理机制的基础上，又增加了信任模式治理机制。Donada 和 Nogatchewsky（2006）基于 Van der Meer Kooistra 和 Vosselman 的分类，讨论了价值链节点企业之间存在不对称依赖关系的情况下，三种治理模式的应用情况。与此不同，经济社会学家认为，不能把网络组织视为市场与科层的混合，它有其自身独特的运作逻辑，因而有独特的治理机制。

除了对网络组织的内涵与本质、构成要素和分类三方面进行分析外，还有学者对一些特殊的网络组织的治理机制进行了研究。例如，对战略联盟网络组织和研发网络组织的研究：Hakanson（2003）从网络联盟的观点提出信任、利益分配等机制是联盟成功的基础；Jones（2004）认为，网络联盟的治理机制包括限制性进入、联合制裁、宏观文化与声誉；刘雪梅（2012）从价值创造的角度分析了联盟组合的治理机制问题，指出联盟组合是焦点企业战略行为最基本诉求的产物，目的是为寻求扩大价值创造空间，进行价值创新或重构，价值创造和价值专有是节点企业要着重考虑的两个方面。从联盟组合的价值创造机制及联盟租金分布看，联盟组合战略不仅适用于高禀赋企业，对禀赋较弱的企业同样有效。为达成联盟组合战略目标，节点企业必须建立完善的治理机制，该治理机制本质上是节点企业与其伙伴之间互动的规则及规范，是一种界面规则，其中的交易治理是硬界面或界面的硬规则，关系治理可以看作软界面或界面的软规则，知识治理是为了促进伙伴间知识与信息的充分交换与共享，伙伴调整则在组合层面保障战略的适应性。

（四） 治理机制的构成要素

网络组织治理机制的构成要素包括信任、学习、竞争、声誉、分配、创新、决策、协调、制裁、文化、激励、约束等维度。

多数研究文献都预设网络组织的运作逻辑或治理机制是信任，认为网络中信任机制是建立在组织间的人际关系上。根据 Goodman 和 Dion（2001）的观点，价值链节点企业对组织成员间信任关系未来的持续预期在很大程度上也可以反映出合作的绩效水平，信任自身是可以创造互惠价值，并且有助于组织间交易的实现。McKnight、Commings 和 Chervany 认为，在组织间网络的构建初期，信任应更加得以重视。Jarvenpass 和 Leidner 的研究表明，在新的、临时性组织中，信任的作用更加重要，因为它充当着传统控制和合作机制代理品的作用。Kasper‐Fuehrer 和 Ashkanasy 认为，未来的组织将更加松散，而且合作机制将建立在信任的基础上。许多经验研究结果表明，信任能降低交易成本，提高企业绩效的论点。

林闽钢（2009）则在信任治理机制的基础上引进竞争机制、合作机制和透明机制，提出"代理人俱乐部"、"当事人套牢"和"虚拟化企业"三种网络治理模式。Jones 等（2004）引入任务复杂性维度，使网络治理建立在四重维度的交易环境中：供给稳定状态下需求的不确定性、定制交易的人力资产专用性、时间紧迫下的任务复杂性和网络团体间的交易频率。在此基础上，Jones 等以社会机制为基础提出了网络治理的理论模型。但该模型并未阐明治理机制这一关键要点，而且社会机制作为网络治理的基础并不能对治理机制本身进行替代。彭正银通过对 Jones 等网络治理模型的修正，将网络治理机制归结为互动机制和整合机制。互动机制是网络治理的内生机理，互动机制的运作表明个体或团体具有通过直接或间接的纽带对其他参与者施加影响的能力和对环境的反应能力。整合机制一方面是水平整合，是以资源储备的依赖方式来扩大资源的享有量，增强新技术与新技能，实现团体间资源供给的共存与差异性互补。另一方面是垂直整合，是以资源移位的关联方式将资源的使用范围扩展到多个企业，在范围经济的基础上重组价值链。

学习机制也是网络组织治理的重要治理机制（Anand & Khanna，2000）。Stuart、Hoang 和 Hybels（1999，2004）从学习和创新的角度分析认为，成员企业加入网络，增加了其学习和创新机会，随着学习和创新能力的积累，企业间的战略合作关系得到深化，深化的战略合作关系最终会诱导成员企业的学习意愿，并促进其学习能力积累，使网络整体价值得到提升。张元智和马鸣萧（2005）则从产业集群的角度论述了网络组织是如何促进企业间的知识共享的。

除此之外，还有不少文献对技术联盟、创新网络、虚拟企业和产业创新集群等类似创新生态系统的网络组织治理机制展开了研究。朱瑞博（2004）和胡晓鹏（2005）认为，通过集群模块化设计，可从制度安排上内生地化解"自稳性"风险与产业标准化体系的内生性风险。信任产品创新网络的一种重要治理形式——信誉机制和战略需求降低了网络成员之间合作的交易成本（徐和平等，2003）。金高波和李新春等（2001）研究了网络治理中人际关系的强纽带效应与重复博弈的信任机制，认为信任是根植于社会网络中的伴随物，在理性作用方式下很难独自发挥作用，必须辅以其他机制达到有效治理目的（金高波和李新春，2001）。集群治理的本质是关系治理（赵海山，2007），虚拟企业网络治理机制的构建侧重成员之间的协调关系（李琼和张华，2006），技术联盟治理以联盟成员共享联盟控制权为基础，包括群体协商机制、声誉机制（王昌林和蒲永健，2005）、目标筛选机制、伙伴遴选机制、信任机制（王昌林和蒲永健，2005）、分配机制（骆品亮和周勇，2005）、学习机制、组织整合机制（Tracey et al.，2003）等。

把协同运用于网络组织治理方面，偶有学者进行尝试探索。例如，Larn（1992）从经济与社会两个层面来分析新创企业网络的协同机制，认为经济层面的协同机制是指企业间超越一般性的市场交易关系，转而通过密切的沟通、共享的管理系统来协调彼此合作的业务，社会层面的协同机制是指运用道德义务和信任机制，结合身份识别与声誉树立等手段，推进企业间的合作。

在社会科学领域，治理机制有内外两层含义：从表象来看，治理机制往往外显为治理方式、方法或途径；从内在来看，治理机制往往是组织中的参与主体之间趋向或解决某种治理目标的动力。李景鹏（2010）从心理学角度将治理机制的构成要素概括为治理动力、治理目标以及治理路径（过程）。霍春龙（2013）进一步拓展了治理机制的构成要素，认为除了上述三种构成要素外，还应包括治理场所及治理主体。

基于上述认识，本书从组织治理问题视角，认为组织治理机制运行中包括治理的主体、治理的客体及治理的规则三个构成要素，共同致力于组织治理机制的运行，其中，主体的治理主要是对主体的知识产权机制的设计与实施，由此，将组织治理的客体统称为知识要素，治理的规则通常是指组织中各主体之间的协调规则及操作工具三种要素之间相互作用，共同致力于组织治理机制的运行（见图6-1）。由于治理机制同时也是一种派生概念，是依附某种组织的价值活动治理而存在，因此其构成要素具体形态需要结合具体组织形式而定。

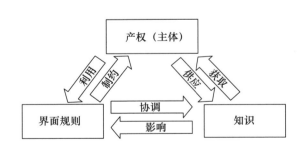

图6-1　"三要素"治理机制的运行

二、服务模块化价值网络治理机制的构建

服务模块化价值网络治理机制蕴含了服务模块化思想，是一种特殊的网络组织治理机制。在对治理机制构成要素阐述的基础上，服务模块化价值网络治理机制在构建过程中包括界面规则、知识及产权三种要素，通过三种构成要素相互协调，组成完整的服务模块化价值网络治理机制。

（一）构成要素

1. 界面规则要素

（1）界面规则设计原则。界面规则是服务模块化价值网络治理机制设计的依据，是由核心模块主导，各参与模块主体共同"协商"，经过长期磨合逐渐形成的（李秉翰，2010）。核心模块凭借自身掌握的关键价值要素，选择通过权威、契约或信任等方式对服务供应商模块施加影响，促使服务模块制造商按自己所设定的标准、秩序参与服务模块化价值网络的价值活动。与此同时，成员服务模块能够对本模块内部显性或隐性界面规则进行自行设计，而不考虑其他服务模块的设计思路，进而推动整个服务模块化价值网络知识要素多元化。一方面，各服务模块根据自身规则，形成符合整个服务系统所需要的服务产品零部件；另一方面，在核心模块主导界面规则下，这些服务产品零部件又能进行松散耦合，最终组成符合多元顾客需求的服务产品。

（2）界面规则设计内容。服务模块化价值网络治理机制设计的核心在于，设计以模块界面与接口为核心的主导规则，各服务模块间利用界面规则能够获取其想要的知识要素并进行模块化操作。服务模块按照价值网络的界面规则进行知识交易，从而实现知识价值增值，当服务模块所

面临的外部环境发生变化时，各服务主体又需要对原有知识要素进行更新，同时原有的界面规则也就失去了规制作用，由此服务系统规则设计者又不得不进行相应的界面规则更新。反之，新的界面规则出现又推动各服务模块进行自我知识调整与更新，以适应整个服务模块化价值网络的运行。

2. 知识要素

知识要素是服务模块化价值网络治理的载体，实现不同层次、结构、内容异质性的知识要素在松散耦合过程中实现知识处理过程的价值最大化，是服务模块化价值网络治理机制的核心。在服务模块化价值网络中，各服务模块不但要对模块知识进行封装处理，防止模块内部的隐性或显性关键知识外泄，以维系服务模块的独立性，同时，还要通过贡献出部分知识，与其他模块知识流动融合，实现服务模块化价值网络的知识创造与创新。由此，下面将分别从知识运动状态和知识形态进行阐述。

（1）知识运动状态。

1）知识封装治理。各服务模块尤其是核心模块为维系其在服务模块化界面规则设计的话语权，提高在与其他服务模块知识交易过程的议价能力，通常会采取两种治理措施：①对关键知识采取保护机制策略，即服务模块通过对知识高内聚，促使服务模块能够独立的改善性能和创新，增强服务模块的独立性，其原因有二：其一，核心服务模块为了维系其自身界面规则设计的主导地位，开始并强化对非核心服务模块知识的吸收，尤其是隐性知识的吸收，如采取学习、控股、参股等形式进行服务模块的渗透或整合。其二，处于弱势地位的非核心服务同样也具有维护自身利益的本能反应，通常会采取学习、与核心企业签订合作契约等形式对核心企业的先进技术、知识进行学习、消化，进而将外部知识内化。但核心企业对其关键知识要素则会采取本能的保护策略，如将核心知识隐性化或者申请知识产权等。②避免服务模块内部关键知识外泄，有效阻止服务模块间的相互影响。这样不仅能够增强服务系统的抗风险能力，而且有利于服务模块组合的方便性，但这又涉及知识产权配置范畴。

2）知识融合治理。与一般网络组织知识融合不同的是，服务模块化价值网络知识融合不是简单地知识线性融合，而是建立在各服务模块知识封装的基础上，按照一定界面规则，将服务模块间异质性知识松散联结，进而实现知识价值定制化创造目标。以梅塞德斯·奔驰跑车工厂组建为例。在工厂组建时，公司把汽车结构重新分解为由较大生产服务模块的若干个零部件集团，如把气囊、空调系统、仪表盘、方向盘等内在的驾驶系统作为一个独立的服务模块交由这些零部件集团完成，奔驰公司作为系统集成商，并不去干涉它们具体如何生产，每个零部件的模块制造商自筹材料、自主经营，但必须按照奔驰公司所设定的相关技术标准与参数完成相关零部件的制造，最后由奔驰公司集中组装完成。

（2）知识形态。知识是一个多维的概念，它既有抽象的属性也有具体的实体指向，换言之，知识包括显性知识与隐性知识两类。主流服务模块化知识治理主要将关注焦点放在企业的柔性生产上，而并未对知识结构化与显性化进行深入探究。但是，就知识视角而言，服务模块化价值网络治理机制所关注的核心是如何将隐性知识显性化，进而实现知识的价值增值。以大阪饭店面包制作知识模块化治理为例。由于该店掌握精湛的面包制作手艺，使面包成为该店的招牌，管理者通过向该店的首席面包师学习其面包揉制技术，而后与项目工程师合作，将面包师的揉制技术成功地复制到面包机上，使该店的面包机具备同样的揉制技术。在此过程中，面包师会系统总结经验，通过语言和非语言的形式使其经验能够通过界面形式被学徒所感知，在此基础上，面包师指导学徒学习并通过观察学徒的行为，提出有针对性的问题和建议。在此过程中，一方面，师傅通过教授田中学习面包揉制技术，提高了自身的面包制作技术水平；另一方面，田中也能够通过在学习中不断试错，使自己掌握该技能，通过制定面包制作说明书将其变为公司的显性知识。在这个案例中，知识转移路线包括面包师→管理者→项目工程师→面包制作说明书，使面包师的个人隐性知识转化为企业的显性知识，进而实现知识价值最大化。在知识转移过程中，面包师通过语言、动作等形式将隐性知识界面标准化，并由田中吸收后又将其以文字等形式将个人知识结构化、显性化并向全集团推广。

通过上述分析可以得到两点结论：一是在服务模块化价值网络治理机制设计时，不论是隐性知识还是显性知识，均需要通过构建标准化的知识界面，能够被价值网络各服务主体所接受，并进行灵活转移；二是针对不同类型的知识宜采用不同的治理机制，如针对隐性、非结构化知识转移宜采取隐性契约机制，对显性知识宜采取显性治理机制进行规制。

3. 产权要素

模块化组织不是独立的产权主体，而是诸多产权主体的结合体（郝斌等，2010）。知识要素产权分配机制是服务模块化价值网络治理机制能否顺利运行的保障，在相应的治理机制构建中起着不可替代的作用。

首先，必须明确的是，服务模块化价值网络治理机制是以核心产权主体为主导，各成员产权主体共同参与的特殊的网络组织治理机制，从根本上讲，各服务主体之所以能够参与到服务模块化价值网络的价值活动中，是凭借其所掌握的知识要素并对此拥有明晰且独立的产权。各服务主体凭借独立产权能够及时有效地应对复杂动态的外部环境，即在遵循价值网络界面规则的前提下，各产权主体凭借自身掌握的关键知识获得相应领域许可，并拥有全部知识剩余价值索取权，这不仅能激发服务模块的活性，还能实现服务模块的"即插即用"的效果。其次，模块化网络组织的本质是一种中间产品加工契约网络（曹虹剑等，2010），而产权则是该契约的基础，因为通过明晰产权不仅能够防止类似一体化层级组织中的机会主义行为的出现，还能够激发各产权主体的自主性，实现服务模块化价值网络的知识松散联结。最后，从服务模块化价值网络治理机制构建的现实来看，很难将服务产品归结为某一产权主体模块所创造的，而是多个产权主体共同作用的结果，如通过契约机制、价格机制或共同产权机制构建联合智库等，实现异质性知识的模块化联结。

（二）服务模块化价值网络治理机制的构建类型

不同的划分视角决定了服务模块化价值网络治理机制划分结果的不同，主要存在两种划分形式：一是根据治理形式的不同，可将服务模块化价值网络治理机制划分为正式与非正式两类；二是根据治理机制的可视性，可从显性与隐性两方面对服务模块化价值网络治理机制进行构建（见图6-2）。基于服务模块化价值网络治理载体视角，本书仅从第二种视角对此展开分析。

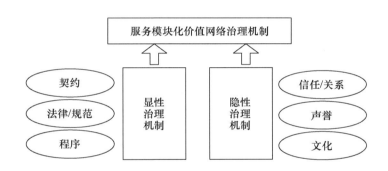

图6-2 服务模块化价值网络治理机制的分类

1. 显性治理机制

显性治理机制是指人们可以观察到的、可证实和有形的，并对服务模块化价值网络中各成员具有强制约束力的治理机制，如法律、显性契约、程序以及相关壁垒机制、专项性投资等显性规则来实现期望的行为。

（1）作用范畴。显性治理机制关注的是服务模块化价值网络各服务模块的显性知识，如服务主体的组织行为、公共行为或社会行为，但不直接干涉或约束服务主体或个人的内部隐性知识等私人领域。此外，显性治理机制虽然通过显性契约、程序、法律等方式能够明确地划分作用范围和边界，但难以覆盖服务模块化价值网络中的所有治理范畴。由此可知，显性治理机制具有明确的作用范畴界限。

（2）作用方式。显性治理机制在实施过程中通常以核心服务主体的内生权威或者公共组织的外生权威为基础对服务模块化价值网络进行显性治理，因此，从一定程度上讲，显性治理机制是一种权威治理机制。由于显性契约、程序、法律等具有明确的范畴界定，因此在实施过程中，能够避免各服务主体或个人执行中的认知误差，具有一致性和权威性，显性治理机制的实施者较容易判断和准确把握，从而避免机会主义现象的出现。

在解决服务模块化价值网络冲突性治理问题时，显性治理机制凭借其既定的程序、显性契约、法律、制度等治理工具能够及时处理某些紧急事件，尽快地恢复到原有的服务模块化价值网络活动秩序，因此，在服务模块化价值网络治理过程中，当在某些偶然或者非常规事情发生时，整个价值网络系统处于混乱状态，此刻，亟须规则设计者依据相关制度或程序迅速化解现实危机，及早恢复价值网络的有序活动。

在显性治理机制变革方面，随着外部环境发生变化，服务模块化价值网络治理机制也随之发生改变。一方面，由于显性治理机制是通过一定的标准化程序设计而产生效应的强制约束力，因此，当面临外部环境变化时，对于显性治理机制设计者而言，通过一定的程序能够在短时间内立即实现机制的变革；另一方面，显性治理机制发挥效用的前提是各服务模块的知识界面能够被识别，并且核心主体具有绝对的控制力，但客观上对服务模块化价值网络中显性规则的完备性提出了更高的要求。

2. 隐性治理机制

隐性治理机制是指服务模块化价值网络中无形的、不可证实的，但对价值网络成员同样具有约束力的治理机制，即利用文化、道德、声誉、信任、关系等隐性约束力的治理工具来实现期望的行为。

（1）作用范畴。隐性治理机制并未明确作用界限范畴。一方面，隐性规则设计者无法通过隐性契约、关系、道德等治理方式来明确对哪些服务主体（模块）有直接作用；另一方面，隐性契约、关系等隐性治理机制却能够填补显性治理机制所涉及不到的空白领域，进而弥补法律、程序等显性治理机制的治理缺失，并能够赋予服务模块化价值网络各成员模块的理想或目标。

在服务模块化价值网络中，核心主体无法凭借其权威对其他成员服务主体进行直接控制，其他服务模块的自我生存、自我演化的能力不断提升，与之对应，各服务主体不断强化对自身关键知识进行隐藏，核心服务主体难以识别，这无疑将弱化核心主体所主导的显性机制的效用。此外，外部环境的不确定性又导致服务模块化价值网络边界愈发模糊，致使显性契约机制逐渐失去生存土壤，不得不依赖通过隐性契约规则来弥补显性治理机制的不足，并且随着服务模块化的提升，隐性治理机制的作用会更加突出。

（2）作用方式。与显性治理机制的作用方式不同，隐性治理机制的作用方式有三个特点：①制定程序的非线性。与显性治理机制不同，隐性治理机制并不是由核心服务主体或者权威组织统一制定的，而是经过时间的推移和环境的演变，逐渐累积起来的。②实施的权威性。与显性治理机制不同，由于隐性契约、道德、关系及社会规范等并不是由权威组织所制定的，并且在对其机制标准的认知，不同的服务主体之间也存在差异，难以把握，在实施中缺乏强制约束力，而仅具有软性约束力。③隐性治理机制的变革。与显性治理机制的变革方式不同，作为一种隐性治理机制，内化到服务主体的主观意识中，并在一定程度上影响服务主体经济人的理性，不仅不会随着耦合事件而任意改变，而且能够维护显性治理机制的稳定性。

以2008年金融危机为例。2008年以美国为首的西方世界陷入了金融与债务危机中，从表现上看，这是由于其金融监管机制以及相关金融预警机制缺失所导致的，但是细究发现，部分"社会精英"唯利是图，在赚取超额利润的同时，丧失了基本的道德底线，这在一定程度上反而加速了经济危机的到来。

（三）　服务模块化价值网络治理机制构建的影响因素

服务模块化价值网络治理机制的构建受到多重因素的影响，本书分别从服务模块化价值网络内部与外部视角对其治理机制的影响因素进行分析。从治理内部视角，主要包括治理的主体（服务主体）和载体（知识）。与一般网络组织不同，服务模块化价值网络治理是一种层级的结构性，表现为以核心服务主体为主导的非对称权力结构体系，服务主体凭借所掌握知识要素的产权参与价值网络治理机制的设计。就治理载体视角而言，服务模块化治理机制的目的是促进价值网络的异质性知识松散耦合，进而实现价值网络的知识创新。从治理外部视角，服务模块化价值网络治理机制的实施又依赖一定的外部环境，即价值网络的开放程度。下面从核心主体的权威、服务主体产权的独立性、知识属性及价值网络边界开放性四个方面对此进行阐述。

1. 核心主体的权威

与一般网络组织治理机制不同，服务模块化价值网络治理机制具有层级结构性特征。在界面规则机制设计过程中，核心价值模块起着主导作用，即根据最新的市场需求设计一套可以看得见的显性界面规则，如结构、界面与检测标准等，并将其作为整个网络组织价值活动的规则或秩序，而核心主体在界面规则设计的主导程度又取决于其自身掌握的价值要素的权威程度。通常而言，核心服务主体的权威主要划分为两类：一是内生权威，即凭借其所持知识要素的关键性或垄断性而对其他服务模块施加影响的权威；二是外生权威，如被赋予的行政权威等。对前者而言，由于服务主体在认知上的局限性，服务模块化强调服务主体内生性知识外向化，即通过服务主体内生性知识要素影响其他异质性知识，使模块内部知识产生外溢效应，由此，从模块内部溢出的知识能够通过价值网络平台实现知识共享，不仅推动不同服务主体间对异质性知识的吸收与重构，实现知识创新，还起到"四两拨千斤"的效果。以小米公司智能手机服务模块化生产为例。小米公司凭借所掌握的智能手机核心技术，主要承担着服务产品的架构、显示屏、处理器、摄像头等关键零部件的研发与设计以及服务产品的营销职能，英达和富士康等凭借其完善的厂房布局以及当地的廉价劳动力资源承担着小米手机的组装，并根据小米公司的采购计划与模块供应商对接。但对后者而言，更多强调的是对其他服务主体知识的直接控制，将外部知识内部化，这依赖单边治理机制形成，通常体现在较低层次的服务模块化的价值网络中，如一些国家的军工、烟草及通信等管制产业。

2. 服务主体产权独立性

服务模块化价值网络治理归结起来是服务模块化产权治理。产权是服务组织依法对自己的财产享有占有、使用、收益处分的权力，是经济所有制关系的法律表现形式，包括知识进入权与剩余价值索取权两部分。由于服务模块化价值网络运行并未超出交易成本理论范畴，单纯地依靠界面规则治理机制，而忽视产权的作用，将难以保障服务模块化价值网络治理机制的运行。

在服务模块化价值网络中，各知识要素通过分解与融合实现知识转移，而随着服务模块化深化，知识转移面临不确定性风险也随之增加，尤其是隐性知识交易，有限的契约规则难以对此进行精准覆盖，由此诱发知识交易风险。体现在两个方面：一是知识供应方在进行知识输出时，受有限理性影响，可能会采取偷工减料或偷懒等机会主义行为，使知识接收方并未获得相应的知识价值；二是知识接收方在获取知识价值时，并未付出等额的代价，由此产生"搭便车"行为，如出版商没有得到著书作者许可时，擅自更改书籍出版数量从而获取额外利润。由此我们发现，知识交易双方在互相防范对方的机会主义的同时，也增加了知识交易的成本，降低知识转移效率，究其原因并非是缺乏相应的规则机制，而是相应的界面规则缺乏产权保障。假若知识交易双方拥有独立的产权，并且获得相应的剩余价值时，能够消除知识交易双方的交易风险疑虑。因此，服务主体的独立产权设计有助于服务主体在保护自身知识产权的同时，更自愿地从其他服务主体吸收异质性知识，推动服务主体的知识创新，而且也能够推动共同产权、虚拟产权等治理平台设计，进而有效地解决服务模块化界面规则下产权主体的认知局限问题，避免服务模块化价值网络治理过程中由于产权不明晰引发的产权纠纷。

3. 知识属性

（1）知识公共品与私有品属性。知识公共品属性在经济学中包含了两个特征：非排他性和非竞争性（薛晓梅等，2012）。在服务模块化价值网络中，无论其服务模块化程度的高低，均具备公共品属性的知识，如界面规则、法律、道德、价值网络共享平台等。其一，就非竞争性而言，各服务主体对公共知识均产生依赖性并能通过其来获取相应的价值活动的便利性，也并不因为其他服务主体的使用而减少。但是由于服务模块主体的有限理性，他们基于"经济人"利益考虑，易产生"搭便车"乃至"公地悲剧"等机会主义现象。其二，就非排他性而言，即知识在服务模块主体使用过程中并不具有排他性，反而能通过对公共品属性的知识频繁使用，增加公共品知识的价值性及影响力，但也会导致服务主体缺乏对公共品属性的知识创新的动力，有必要构建相应的服务模块化治理机制来避免此类现象。

在服务模块化价值网络知识要素中，核心或关键知识占有很少一部分，但对整个价值网络的价值贡献度占有很大比例，因此，关键知识要素成为各服务主体竞争的对象，其私有品属性的特征明显。在私有品属性知识的治理上，一方面，各服务模块通过构建知识封装治理机制，强化服务模块主体的关键知识自我隐藏和保护功能，如实行严格的知识产权机制和界面接口联结机制，以对服务模块化价值网络关键知识的流动与价值转移过程进行有效管控。另一方面，服务主体通过构建学习机制、知识吸收机制吸收同类或互补的服务主体的关键知识，从而强化自身模块的核心竞争力。当服务主体模块通过违反价值网络共同的界面规则而获取其他服务主体的核心知识，必然会造成其他服务主体采取排他性的自我防护措施，阻碍价值网络知识的良性互动。

（2）知识显性与隐性属性。由于知识具有显性与隐性的属性差异，即显性知识易于被完整地转移传递，而隐性知识则难以表述或传递。从知识治理视角来讲，知识服务模块化治理过程是隐性知识显性化、结构化的过程，能够被其他服务模块供应商所感知或接受，进而实现知识价值转化。服务模块化价值网络治理机制本身就包含了显性契约治理机制与隐性规则机制，薛晓梅（2012）在分别从契约机制和关系机制对两种属性知识治理作用进行详细阐述的基础上进一步指出，契约机制对显性知识治理有更强的正影响作用，而关系机制对隐性知识治理具有更强的显性作用。

知识服务模块化治理的实质是将知识编码化，促使各异质性知识界面标准化以及服务模块内部知识结构化，进而实现价值网络各知识要素界面的松散耦合。当服务系统被分解成若干个自律性服务模块时，各服务主体可以将其许多细小的隐性知识转化为服务主体的显性知识，从而更迅速地将其传递出去，实现知识的价值转化，与此同时，界面的标准化（知识编码化）又为服务模块化界面规则机制提供了有利的治理依据和保证。

4. 价值网络边界开放性

价值网络边界开放性是服务模块化价值网络的重要特征。开放性的价值网络边界能够实现各知识要素的自由进入与退出，加速知识要素自主裂变、归并、替代、外包，提高各服务模块对知识封装与融合的效率。因此，在治理机制设计上，服务模块化要求减少对知识封装界限的明细干预，赋予服务主体自主权，使服务模块化价值网络成为知识共享而非线性流动平台。这样，服务系统集成商对价值网络知识流动的管控难度增加，无疑降低了显性规则机制的效用。同时，服务主体又受资源、精力和认知的限制无法对其他服务模块主体进行直接干预。对服务模块主体而言，即由规模治理向知识内聚治理演变。反之，这又促使规则机制的演变，即由偏显性规则向偏隐性规则治理逐渐演化，并且两种治理机制相互补充，共同促进服务模块化价值网络的运行。

首先，服务模块化价值网络规则设计者并不是随意进行显性治理机制的设计，而是基于一定的价值基础，并接受一定价值理念的指引和价值标准的评判，在建构和实施各类显性治理机制过程中，其价值网络的价值活动就是一种特定的价值选择和价值实践活动。其次，隐性治理机制具有软性约束力，它为显性治理机制奠定了价值基础，赋予显性治理机制某种合理性。只有当显性治理机制具备了这种合理性，它才能作为一种受欢迎的治理机制获得成立的必要和持久的生命力，也在实施过程中保障了显性治理机制的相对稳定性。最后，当两类治理机制发生冲突时，隐性治理机制往往会退居其次，被显性治理机制所覆盖。

三、服务模块化价值网络治理机制的运行路径

服务模块化价值网络治理机制的路径是指其治理机制的设计或实施过程。服务模块化价值网络是一种特殊的网络组织，与一般网络组织治理机制的路径相比，服务模块化价值网络治理机制的路径具有其服务模块化特征。下面从治理机制构成要素视角对此进行分析。

（一）规则机制路径

1. 界面规则机制设计路径

（1）基于核心模块权威的界面规则设计路径。在界面规则设计上，核心模块凭借自身掌握的核心价值要素，能够选择通过权威、契约或信任等方式对服务供应商模块施加影响，促使服务供应商按照自己所设定的标准、秩序参与网络组织的价值创造活动。但这又取决于核心服务模块在价值网络中的权威性，即对服务供应商模块的控制力。由于服务供应商权威与核心服务模块权威的大小处于此消彼长的状态，服务供应商模块也需要根据所处的产业环境、产业属性、领导者素质以及自身利益对核心模块主导的界面规则选择接受、反对或暂时合作。与此同时，成员服务模块之间通过契约、关系进行联盟合作，壮大服务供应商模块的实力，迫使核心模块根据成员模块提出的要求，对原有界面规则进行修正，促使服务模块化价值网络界面规则的演化与升级。随着价值网络的服务模块化深化，价值网络界面规则的设计亦由传统单向设计演变为双向设计甚至多向设计路径（见图6-3）。

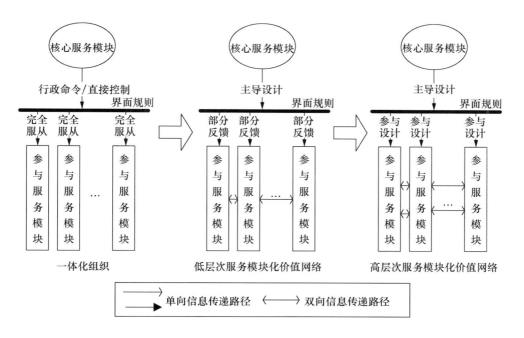

图6-3 服务模块化价值网络界面规则设计路径演化

（2）基于设计程序的界面规则设计路径。在理论上，价值网络界面规则的设计程序可以分为前馈设计、后馈设计以及同期设计（李秉翰，2010）。前馈设计是指在价值网络价值创造活动之前已经规范出界面的设计规则；同期设计是指在价值网络价值创造活动中对模块界面设计规则进行设计调整；后馈设计一般是指价值网络价值创造活动完成后，对模块间界面规则进行设计，但这个在现实产业服务模块化价值网络中基本不存在。通常情况下，在低层次服务模块化价值网络中，由于其顾客需求及价值网络知识要素的可预见性和知识流动的显性特征，可以通过前馈设计来完成，随着服务需求的个性化、动态化的发展，界面规则的同期设计逐渐成为主流。

2. 界面规则机制实施路径

在服务模块化价值网络中，界面规则机制实施路径包括两类：一是显性界面规则治理路径，即价值网络规则设计者在构建价值网络治理结构、模块界面及检测标准的基础上，形成一种正式契约形式来规范服务模块化价值网络知识流、信息流和物质流。在理论上，正式契约能够明晰交易双方的责任和角色及对第三方的执行和安排，细化目标、规则和处理争端的程序，减少交易双方的认知差异和冲突，且通过事先约定的惩罚措施带来威慑作用。但在实践中，由于服务主体的认知及理性的有限性，不论是规则设计的主导者还是参与者，不可能设计出完善的正式契约来解决价值网络所有的治理问题，这必然导致机会主义的出现，进而增加价值网络的治理成本。二是隐性规则机制的治理路径，如前所述，当显性契约机制无法解决问题时，隐性规则机制能够起到补充作用，如用劝告、信任、关系、社会道德、价值观等隐性约束力来实现期望行为。界面规则机制的实施旨在如何解决服务模块化价值网络的不同服务模块知识要素的集成，并将众多离散事件进行协调，实现价值网络价值创造的共性问题，因此，在界面规则机制的实施路径中，产业环境具体性成为不可绕开的因素。

基于上述关联性的研究，可从环境差异比较视角对此进行分析：一是偏科层组织价值网络视角。这种类型的价值网络服务模块化程度较低，企业组织特征较明显，核心价值模块通常作为界面规则设计者掌握着绝对的权威，包括内生性权威（掌握着关键价值要素）和外生性权威（来自上级组织授予的权威），能够对其他服务模块具有绝对的控制力，其价值网络具有稳定性特征。在这种情况下，仅通过显性契约机制就能够实现服务模块化价值网络的正常运行。二是偏市场组织的价值网络视角。这种类型的价值网络的纵向实体组织层级正在被可渗透、内部化、模块化特性的非实体所取代，很难找到类似权力集中的模块组织。与此同时，在市场机制作用下，各服务模块的知识要素流动呈现动态化、非线性化特征，凭借显性的契约机制难以实现有效治理，而隐性治理机制能够发挥无法替代的作用（见图6-4）。

基于上述认识，我们认为服务模块化界面规则实施路径具有以下特征：

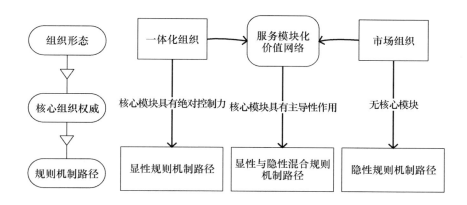

图6-4　服务模块化价值网络规则机制实施路径

（1）服务模块化价值网络界面规则机制实施路径是动态化路径，这是由服务模块化价值网络本身特质所决定的。由于服务模块化价值网络是介于一体化组织与市场组织的中间状态，是不确定性环境下的一种灵活的组织形态，因此在其规则机制实施上也具有动态性特征。

（2）服务模块化价值网络界面规则机制实施路径没有绝对的参照标准。由于服务模块化是一种抽象化的概念性体现，在不同的服务环境中具有差异化特征，在服务模块化价值网络规则机制实施过程中，只能根据产业环境自身情况进行灵活化处理，确保价值网络各服务模块价值要素实现松散联结。

（3）隐性规则机制实施路径的价值作用日趋明显。一方面，在新经济环境下，各服务模块已经具备了自我生存与演化的决策能力，传统核心服务模块直接干预能力大幅降低，各服务主体在同一价值网络平台上逐渐实现平等竞争与合作。另一方面，在顾客定制化的价值需求的同时，服务主体由于精力和功能的有限性尚未转变，加速了服务系统的分解性与复杂性。因此，有限的契约机制难以对复杂系统中所有治理问题有效管控，更多地依赖各服务自我管控。但是，服务主体的认知局限性与有限理性的特征在相当长的一段时期内仍然存在，此时，隐性规则机制实施路径则起到不可替代的作用。

3. 界面规则机制调整路径

服务模块化价值网络界面规则调整是为了产业价值网络所面临的顾客需求变化而做出的相应行为。调整程序路径主要有三步：首先是根据服务需求变化对服务系统进行重新分解或分割，即对价值网络服务要素进行拆解、增加、减少、替代、归并、移植等模块化操作，保障其价值网络对复杂环境的弹性反应能力；其次是对各部分组成要素，包括信息、技术及知识等服务功能进行"封装"，"封装"后部分可视为一个独立的服务模块；最后是设计服务模块界面接口，服务系统内其他服务模块如须了解该服务模块的内部信息，必须通过该服务模块的界面接口进行访问才能获取。

服务模块化价值网络界面规则调整内容主要包含三个部分，即界面调整、模块间权力调整及交易机制调整。通常而言，界面接口的设计不能单独由某个价值模块决定，而是由各服务模块供应商确定服务模块间的联结，协商确定，调整的目标就是实现服务模块界面接口标准化的设计，提高服务模块选择的自由度、降低服务模块的价值实现成本。服务模块权力的调整主要是针对服务模块主体自我决策权力的规范，由传统依赖核心模块的授予调整为自我决策、自我生成及自我演化，进而增强对服务模块动态外部环境的灵活应变能力，也强化其价值要素内聚性，提高服务模块的独立性。交易机制的调整是界面规则机制调整的关键部分，因为其从根本上决定了界面规则机制的性质及服务模块化水平，即由传统依靠上级组织的资源配置转变为根据价格机制进行价值网络知识要素配置，降低了知识要素转化成本，真正实现价值网络服务模块化效率。

（二）知识治理机制路径

从某种意义上讲，服务模块化价值网络是一种知识共同体，是在界面规则主导下的知识分散化布局，知识不仅是服务模块化价值网络中各服务模块联结的载体或介质，而且还构成了各服务主体行为及即时状态的基础（郝斌等，2010）。服务模块化价值网络作为异质性知识共同体或知识社区，实现不同层次、功能的异质性知识交易是服务模块化价值网络治理机制的核心。

1. 知识服务模块化设计路径

Mahnke 和 Pedersen（2004）认为，知识治理是对知识转移的治理安排，其目的是实现知识增值。在此基础上，本书将知识服务模块化定义为知识在服务模块化价值网络中进行新旧知识交替的流动过程，即知识供应者通过释放知识并由知识吸收者接收的过程，最后由服务系统整合者对知识重新整合，形成新的知识。从价值视角，知识的服务模块化就是服务主体在服务模块化界面规则指导下，对知识进行服务模块化操作，实现知识价值转化。

2. 知识服务模块化治理机制的实施路径

如前所述，知识属性对于服务模块化治理机制具有显著影响，基于这种思路，本节将深化知识服务模块化价值网络治理机制的实施路径理论（见表 6-1）。

表 6-1　知识属性对服务模块化价值网络治理机制路径的影响

知识属性类别		特征	服务模块化治理机制路径
知识显性与隐性属性	显性知识	①易于被识别，感知 ②易被完整传递	正式契约机制路径
	隐性知识	①不易别识别，感知 ②难以被完整传递	关系治理机制路径
知识公共品与私有品属性	公共品知识	①非排他性 ②非竞争性	①外部壁垒机制 ②内部市场竞争机制路径
	私有品知识	①排他性 ②竞争性	①知识产权机制 ②界面接口联结机制路径

（1）知识公共品属性：外部壁垒机制和内部市场竞争机制路径。如前所述，知识公共品属性具有非排他性和非竞争性特征。服务主体基于利益

主体的经济人特性，容易导致服务主体对知识的过度使用或者缺乏对公共知识的保护，进而引发公共知识缺乏有效保护，最终制约整个服务模块化价值网络知识价值转化的有序性。因此不难理解，部分产业服务模块的规则设计者建立必要的外部壁垒机制，即在具有知识公共品属性的使用上设置一定的门槛，表面上似乎在阻碍价值网络服务模块化，其实质是为了维系服务模块化价值网络治理机制的效用。同时，服务主体在使用过程中缺乏相应的知识保护意识，也需要建立一种内部市场竞争机制，强化对公共品知识的合理利用。

（2）知识私有品属性：知识产权机制与界面接口联结机制路径。服务主体凭借其私有品属性的知识占有能够获取网络租金。一方面，服务主体通过将关键知识隐性化，强化知识产权，来确保自身核心知识难以被复制，从而维系服务模块的独立性；另一方面，由于私有性知识的关键性与敏感性，规则设计者通过设计专门的界面接口，便于服务主体增强对其私有性知识流动的有效管控，防止私有知识泄露。

（3）知识显性属性：正式契约机制路径。知识服务模块化的实质是知识显性化与结构化的过程，即通过对服务模块内部知识进行整合形成兼具标准化的知识模块界面，进而被价值网络内其他相关知识模块主体所感知和量化，增加彼此间知识交易的可预测性，各服务主体可凭借自身所掌握的知识明确地做出合作或拒绝的判断，避免了服务主体的有限理性的困扰；通过契约条款将知识交易双方的责任、角色、对第三方的制度性安排及检测标准进行详细说明，减少双方的认知差异，为知识交易双方进行知识转化起到机制保障作用。

（4）知识隐性属性：关系治理机制路径。虽然显性契约可以为价值网络知识转移提供正式的保障机制，但是契约签订之初不可能预计所有未来可能发生的情况，所以在高度不确定下，可能出现的知识泄露或知识滥用等机会主义行为无法被契约规避（李瑶等，2011）。加之，隐性知识在传递过程中无法被表述和传递，知识交易双方组织能力、战略意图、信任程度及知识差距等因素导致知识在转移过程中发生阻滞现象，即知识黏性。

知识黏性会增加知识转移成本，阻碍各服务主体间知识交易的积极性，制约价值网络知识服务模块化价值输出。只有通过信任、个人关系及整个社会文化等软性机制，才能逐步降低知识黏性，真正实现隐性知识的价值效用。

在服务模块化价值网络中，知识隐藏或隐性知识是一种被允许的行为（郝斌等，2007）。如果我们在服务模块化系统中隐藏了大量与各服务模块相关的知识，将有力促进价值网络的服务模块化。一方面，服务主体通过隐藏其关键性知识，有利于营造一种竞争性氛围，加速整个服务价值网络的创新进程；另一方面，通过隐藏关键知识或信息，有利于增强其在服务模块内部的经营决策能力，从而提高各服务主体应对不确定性环境的能力。

（三）产权治理机制路径

1. 产权治理机制的分类

产权作为一种社会契约，有助于在价值网络中形成的服务主体之间在知识交易中能够理性地把握预期，避免服务主体的有限理性所带来的机会主义冲动。通常产权治理机制的核心是产权分配机制，这主要划分为两类：一是进入权与剩余索取权分离机制，如委托—代理机制；二是进入权与剩余索取权集中于同一服务主体或个人的产权分配机制及其衍生机制，如独立产权机制、虚拟产权机制、共同产权机制及产权许可证机制等。

2. 产权治理机制的设计路径

在服务模块化价值网络中，由于知识要素（尤其是无形知识要素）的不可分割性，单个知识产权的所有权难以归结到具体的个人或服务主体，而大多是集体的结果。根据传统产权分配机制，往往是将集体关键价值要素产权分配到某一服务主体，而进入权分配到产业价值网络内的所有成员，导致两种权力的分离，进而导致权责不明、信息不对称等情况的出现，最终使机会主义成为潜在的可能。随着价值网络服务模块化水平的提升，产权治理模式由传统单边治理演变为规则制定者为主导的虚拟产权和共同产权等多种产权模块化治理模式（见图6-5）。

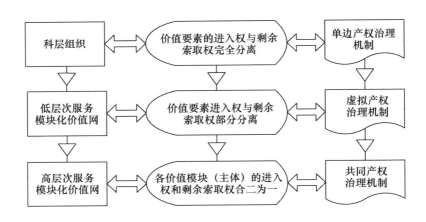

图6-5　服务模块化价值网产权治理机制演变路径

3. 产权治理机制的运行路径

就产业实践而言，由于产业系统的复杂性，难以将某个服务模块化价值网络单纯地归为某一类型的组织形式，而是介于一体化组织与完全模块化组织之间的中间状态。就单个服务模块化价值网络而言，产权治理机制取决于其关键价值资源进入权与剩余索取权的配置。在产权服务模块化治理机制实施过程中，服务系统集成商是指通过对产权的进入权与剩余索取权进行配置，实现不同产权主体服务模块化效率，为产业服务模块化价值网络治理机制运行提供保障。通常有三种产权分配路径：

（1）独立产权分配路径。服务系统集成商通过赋予各服务主体完整独立的产权，使之凭借自身关键知识要素有进入相应领域的权利，并享受其自身服务行为所创造的全部剩余收益，提升产权主体的自我决策、自我演化的能力。各产权主体凭借自身关键知识产权，按照特定界面规则，自主选择交易成本最小、联结效率最高的合作伙伴实现服务模块化价值网络知识集成，这种产权分配机制路径适合高层次服务模块化价值网络。这类服务模块化价值网络有两个特征：①治理目标以价值创造为主。在高度复杂动态化环境下，各服务主体能够通过高层次模块化设计全方位地了解并获取所需要的信息，以达到与其价值目标相匹配。②对治理工具要求低。由于各产权主体具备了完整的产权决策能力，而只需简单的治理工具就能够实现较好的治理效果。

（2）虚拟产权分配路径。对一件复杂的服务产品而言，它的研发、制造离不开各零部件供应商的支持，其最终服务产品的知识产权是由若干零部件相互作用、叠加形成的，这既可能来自同一服务主体又可能来自多个服务主体。在复杂动态环境下，价值网络知识要素分配存在不均衡性，服务主体虽然掌握着关键知识所有权，但未必具备经营产权的能力。因此，产权所有者必须通过切割或让渡部分经营权给产权经营者，才不仅能发挥知识的最大价值，又能集中精力进行知识研发。而让渡的这部分产权，被称为虚拟产权。虚拟产权分配机制实质上就是服务模块化价值网络产权治理机制的具体体现，服务系统集成商（规则设计者）将价值网络的知识产权模块化分解，通过服务模块化设计与运行，实现各异质性知识要素模块化的集成，不仅能降低知识价值的实现成本，还能提高知识价值创造水平。

（3）共同产权分配路径。由于服务模块化价值网络处于一种中间状态，在隐性关系等隐性规则维系的同时，显性规则的产权交叉同样存在，即多个服务主体对同一知识要素具有共同的剩余价值索取权，也即共同产权。从价值网络结构视角看，当核心产权主体希望与其他服务主体构建一种稳定合作关系、自己又无法独立承担该项价值活动时，通常采取控股、参股形式合作进行相应的价值活动，实现互利共赢，其剩余价值分配则根据各服务模块主体掌握的知识要素的贡献度决定，这不仅能够解决核心服务主体的认知局限问题，还促进服务模块化价值网络的知识共享，使各服务模块主体增加更多的选择，进而促进整个价值网络的价值要素的整合（见图 6 - 6）。

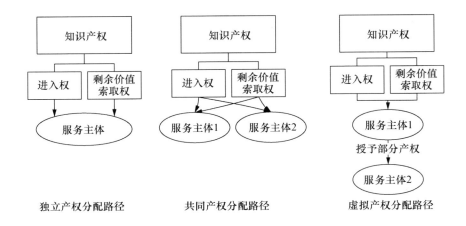

图 6 - 6　服务模块化产权分配机制路径

四、服务模块化价值网络治理机制运行的
潜在风险

服务模块化价值网络治理机制能够顺利运行的关键在于界面规则、知识及产权三要素的共同作用、相互协调的结果。但当三种要素中的一种及以上出现缺位、越位或错位现象时，将会在服务模块化价值网络治理机制运行过程中出现潜在的运行风险。

（一）界面规则缺（越）位的风险

服务模块化价值网络的界面规则设计由规则设计者主导，但由于规则设计者对其他服务模块知识（尤其是隐性知识）存在认知局限，同时，界面规则治理的对象是整个服务模块化价值网络的知识要素，这样导致界面规则机制在运行过程中出现缺位的现象。这通常出现在高度市场化的产业以及一些新兴产业价值网络中。例如，在人工智能、克隆及无人机等新兴产业治理方面，社会对相关产业的认知程度较低，同时，相应的配套监管体制或机制又尚未建立。在此情况下，这些产业能够带来巨大经济效益的同时，也面临着相应的监管机制的缺失。智能机器人的使用范畴、风险防范等相应的规则尚未建立，导致可能运用到违法活动中，进而带来严重后果。比如，一些不良企业或个人利用无人机进行航拍并偷窃隐私或者国家机密等违法行为，给整个社会带来一定的危害等。

显性规则的越位意味着隐性规则的越位，这是指在服务模块化价值网络治理机制运行过程中，显性界面规则超越了其作用范畴，为整个网络组织的治理带来负作用的现象，但这种情况通常出现在较低层次的服务模块化价值网中。例如，一些受国家管制的产业中，部分组织利用行政命令代替市场，过多地干预企业的经营决策，在降低企业经营效率、提高企业治理成本的同时，也为部分既得利益者利用这种越位的显性规则进行权力寻租，最终制约整个产业价值网络的发展。

（二）知识与界面规则的错位风险

知识与界面规则的错位与界面规则缺（越）位不同，它是指由于在服务模块化价值网络治理过程中知识要素属性与其所匹配的界面规则机制不匹配导致服务模块化价值网络知识交易过程中产生风险。一方面，服务模块化价值网络能否高效运行关键在于严格界定系统的设计规则（看得见的部分）以及个别的设计规则（隐藏的部分）；另一方面，服务模块化价值网络又面临着显性知识与隐性知识要素相互交融，形成新的知识价值。但是随着产业环境的变化，服务模块化价值网络的显性知识与隐性知识相互更替速度加快，但界面规则机制的演变速度难以及时跟上，进而导致出现错位现象。

从知识在模块化组织运动过程来看，首先是服务模块主体间形成知识扩散，进而将服务模块内部隐性知识显性化，并在此基础上形成了显性知识交易规则。其次，知识吸收方根据自身需要对外部显性知识要素进行内化整合，促使知识形态发生两种转变：一是形成新的知识，由此实现知识的价值转化。当新的知识形成后，会对原有的界面规则产生反馈性修正，但因为界面规则的变更需要付出相应的代价，使得部分服务主体基于暂时利益，选择维系现有的界面规则机制，而最终被新的界面规则所淘汰。因此，在知识不断更新与增长以及规则动态演化的过程中，模块化价值网络得以确立其市场优势，并形成对现有产业结构和秩序的冲击（郝斌等，2010）。二是显性知识隐性化。知识吸收方通过付出相应的成本获取外部显性知识，并将知识内化形成隐性知识以防被其他服务主体所复制。但是由于服务主体的管理者忽视隐性知识的非物质性，不能够单独存在，由此仅仅通过契约来进行规范性治理，导致隐性知识流失。例如，在现实中，很多大型企业为了提高企业核心竞争力，采取资助企业员工去高等院校或科研院所培训学习，同时与之签订培训协议等措施。但笔者通过调研发现了一个有趣的现象，这些员工培训回来后，能够留下来的往往只占小部分，究其原因是缺乏员工归属感，使很多员工感受到与公司仅仅是合同方式的契约关系，而非心灵的契约关系。

（三）知识产权缺失风险

曼柯·奥尔逊于1965年在《集体行动的逻辑：公共利益与团体理论》一书中提出了"搭便车"理论。这是发生在公共财产上的一个问题，指经济学中某一个体消费的资源超出了他的公允份额或承担少于他应承担的公允份额。在服务模块化价值网络中，各服务主体由于自身的有限理性，并未向价值网络贡献部分私有资源，却享受到了价值网络所带来的便利或服务，往往会促使其通过"偷懒"方式获得与其他价值模块相同的报酬。这容易造成两种后果：一是整个服务模块化价值网络或者其合作方的外部负效应，尤其是产生对"偷懒"行为的默许或鼓励的假象；二是弱化了网络组织的整体激励效应，进而影响整个服务模块化价值网络的资源集成效应。例如，"搭便车"的行为在很大程度上是由于服务模块化价值网络缺乏对价值要素产权界定或产权配置的无效率所致。

知识产权不够明晰，体现在两点：其一，当服务模块由于缺乏独立的产权，无法对模块内部知识进行及时、有效处理，进而错失与异质性知识最佳联结的机会，进而增加整个服务系统的价值实现成本，受政府管制的相关产业大多属于此类；其二，当被分解的服务模块无法拥有完整的模块知识产权时，也不能享受其知识剩余价值分享的利润，导致服务主体的经营者"出工不出力"现象的出现，最终影响整个价值网络的价值实现效率。

五、小结

在界定治理机制构成三要素的基础上，本章对服务模块化价值网络治理机制做了系统探究。就产业实践而言，服务模块化价值网络治理机制的构建可以分为显性与隐性两类。在构建过程中，又受到核心主体权威、服务主体产权独立性、知识属性及网络组织界面开放性等因素影响，但由于产业环境差异，这些属性要素呈现个性化特征并最终使服务模块化价值网络治理机制的构建呈现动态化趋势。

作为一种衍生概念，学术界并未对服务模块化价值网络治理机制进行深入研究。立足于治理机制构成要素视角，我们发现服务模块化价值网络治理机制的运行的关注视角又有所差异。例如，在规则视域中，服务模块化价值网络治理机制关注的是界面规则如何设计、实施与调整，其中，核心模块与参与模块分别起到什么作用，又如何参与规则机制的设计；在知识视域中，其治理机制关注的是如何将知识自由转移，并实现知识价值增值，而这些又与知识属性密切相关；产权视域中的服务模块化价值网络治理机制则关注的是如何实现服务主体产权独立，进而保障前两种要素视域中的服务模块化价值网络治理机制的顺利运行。有鉴于此，服务模块化价值网络治理机制顺利运行是规则、知识、产权要素相互协调的结果。但就产业复杂性现实而言，三种构成要素之间相互协同往往是一种暂时的状态，产业环境动态和复杂性加剧，必然导致其中局部构成要素出现缺（越）位现象，使得三种要素之间失调，进而导致服务模块化价值网络治理机制运行过程中出现潜在风险，如存在缺位（越位）风险、知识与界面规则错位风险以及知识产权缺失风险。

第七章　服务模块化价值网络治理机制对价值创造的影响机理

一、服务模块化价值网络治理机制对价值创造影响机理的案例分析

服务模块化治理机制是服务模块化价值网络治理的核心,当前学术界对价值网络组织治理的相关研究已非常丰富,但立足于服务模块化这一新视角进行相应的研究在现有文献中还处于一种萌芽状态。学术界普遍认为服务模块化是当前价值网络治理发展的新趋势,但对于如何进行价值网络服务模块化治理,如何从机制上加以深化,在现有文献中却鲜有发现。

从现实角度来看,不同的产业具备不同的产业环境与产业特征,与之对应的服务模块化价值网络治理机制显然存在差异,如何从差异化的产业价值网络服务模块化治理机制提炼出共性的服务模块化治理机制,在面对具体产业价值网络服务模块化治理机制设计、实施中会面临怎样的问题,如何破解这些问题,成为当前产业界值得深思的课题。

（一）案例分析方法与案例数据来源

1. 案例分析方法

探索性案例研究是指通过描述案例的过程，从中探究规律的一般性或特殊性，当所研究的问题存在理论空缺时，研究者需要根据组织实践进行总结、归纳、探索，提炼出理论模型的研究方法（Yin，2004）。从理论层面来看，一方面，如何从机制上解决价值网络服务模块化治理过程中遇到的问题；另一方面，价值网络服务模块化治理机制在不同产业环境下的特征及治理问题差异，在现有文献中鲜有提及。服务模块化是产业价值网络治理的趋势，是提高产业价值网络绩效的重要手段，对于这种方向明晰但结论尚未明确的问题，适合采用探索性的研究方法。

从实践层面来看，本书所研究的问题是在探讨服务模块化价值网络治理机制内涵、构建及运行等问题。在探讨此类问题时，一方面，产业相关数据难以获取、归纳，相对于定量研究方法，从案例到理论的分析性归纳原理更适合探索和解释这个问题；另一方面，由于现有的研究视角的新颖性，相关的研究还处于初步探索阶段，尚未形成成熟的理论模型。因此，本书基于上述两点考虑，决定采用探索性案例分析方法。

2. 案例数据来源

本章主要是基于卷烟产业和食品制造业产业实际情况，从多渠道获取资料，采用查阅相关文献、行业报告、与相关从业人员（江西中烟公司、蒙牛等驻南昌乳企管理者、员工及消费者等）互动访谈及现场考察等方法，从国家烟草专卖局、烟草公司以及主要乳制品企业网站如蒙牛、伊利等及相关产业权威资讯认知、整合获取二手资料。在此基础上，利用学术交流会、参观相关企业、与从业者进行直接交流，获取一手资料。通过与服务模块化与价值网络治理机制研究领域的专家学者及相关行业从业者的互动交流，将两产业的具体资料进行整合，为本书探索性案例比较分析提供支持。

（二）案例分析程序

本书采用探索性案例分析方法，按照准备、实施及论证三大步骤进行案例比较分析，如图 7 - 1 所示。

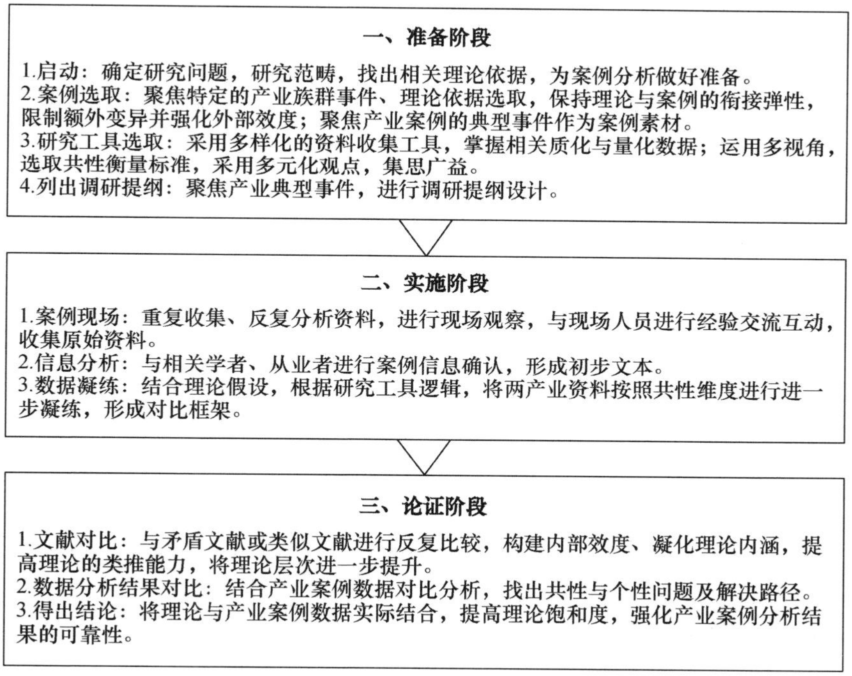

```
┌─────────────────────────────────────────────────────────────┐
│                    一、准备阶段                                │
│ 1.启动：确定研究问题，研究范畴，找出相关理论依据，为案例分析做好准备。        │
│ 2.案例选取：聚焦特定的产业族群事件、理论依据及案例，保持理论与案例的衔接弹性，  │
│ 限制额外变异并强化外部效度；聚焦产业案例的典型事件作为案例素材。             │
│ 3.研究工具选取：采用多样化的资料收集工具，掌握相关质化与量化数据；运用多视角，  │
│ 选取共性衡量标准，采用多元化观点，集思广益。                            │
│ 4.列出调研提纲：聚焦产业典型事件，进行调研提纲设计。                      │
└─────────────────────────────────────────────────────────────┘
                             ▽
┌─────────────────────────────────────────────────────────────┐
│                    二、实施阶段                                │
│ 1.案例现场：重复收集、反复分析资料，进行现场观察，与现场人员进行经验交流互动，  │
│ 收集原始资料。                                                    │
│ 2.信息分析：与相关学者、从业者进行案例信息确认，形成初步文本。             │
│ 3.数据凝练：结合理论假设，根据研究工具逻辑，将两产业资料按照共性维度进行进一  │
│ 步凝练，形成对比框架。                                             │
└─────────────────────────────────────────────────────────────┘
                             ▽
┌─────────────────────────────────────────────────────────────┐
│                    三、论证阶段                                │
│ 1.文献对比：与矛盾文献或类似文献进行反复比较，构建内部效度、凝化理论内涵，提  │
│ 高理论的类推能力，将理论层次进一步提升。                               │
│ 2.数据分析结果对比：结合产业案例数据对比分析，找出共性与个性问题及解决路径。  │
│ 3.得出结论：将理论与产业案例数据实际结合，提高理论饱和度，强化产业案例分析结  │
│ 果的可靠性。                                                      │
└─────────────────────────────────────────────────────────────┘
```

图 7 - 1　案例分析程序

（三）案例分析框架

本章案例分析框架如表 7 - 1 所示。

表7－1　案例分析框架

分析程序	分析内容	分析维度	具体内容
案例比较分析	规则、知识及产权视域中服务模块化价值网络治理机制	规则视域	①规则设计者权限
			②参与模块规则设计权限
			③显性规则机制
			④隐性规则机制
		知识视域	①知识属性
			②知识交易机制
		产权视域	①产权分配类型
			②产权分离治理机制
			③独立产权治理机制
案例讨论	服务模块化价值网络治理机制的困境	界面规则标准化困境	①界面规则标准的权威性
			②界面规则标准的模糊性
		模块松散耦合困境	①紧密耦合
			②畸形松散耦合
		模块化分工与集成机制困境	①模块化分工机制困境
			②模块化集成机制困境
案例启示与对策	案例启示		
	服务模块化价值网络治理机制的改进路径		

（四）案例描述

1. 卷烟产业价值网络

从治理机制上看，当前国际上大多数国家对卷烟产业采取的管制方式虽然不同，但都进行严格的管制，如实行高税政策、烟草专卖制度、特许经营以及行政许可等。然而，随着全球化的深入发展，许多国家对卷烟产业进行了相关的市场化改革，但政府对该产业的监管始终存在，其目的是维持国家税源以及保护本国的卷烟产业或相关的利益群体等。

在我国，卷烟产业实行的是国家烟草专卖制度，即专卖主体享有特殊性、产业经营的垄断性以及管制范围的广泛性等。为了打破烟草市场的区域封锁，国家对烟草产业实行工商分离改革，使卷烟生产与经营、销售职能实现了形式上的分离，但就实践效果而言，卷烟产业地域垄断、价值网络高壁垒机制、专卖机制极大地增加了产业价值网络的治理成本。因而，由于实行国家烟草专卖制度产生的净收益会因为这种成本的抵消而减少，与国外相比，我国卷烟产业呈现大而不强的怪状。

卷烟产业作为一种特殊的产业价值网络，从服务组织上讲，包括烟农、烟草收购商、烟草公司、中烟公司（卷烟厂）、烟草专卖局及零售商等多个服务模块组织。从卷烟价值活动流程来看，其上游服务流程包括烟叶栽培、烟叶初烤、烟叶收购（分类、整理）、打叶复烤、仓储、醇化等，中游服务流程包括卷烟生产（制丝、卷接包装、成品、仓储配送）等，下游服务流程包括卷烟批发、零售等环节。各环节根据既有的价值网络界面规则进行相应的价值转移。

2. 乳制品产业价值网络

与卷烟产业高壁垒、封闭式、行政管制的治理机制不同，乳制品产业进入壁垒低，产业市场竞争激烈。一方面，国家弱化了对乳制品产业价值网络治理的直接干预，取而代之的是发挥市场对资源配置的基础性作用；另一方面，乳制品产业价值网络内各服务模块主体是独立的经营主体，能够根据顾客定制化需求，利用市场化机制，自主并迅速整合价值网络内部各种价值资源，及时产出满足顾客多样化需求的服务产品。但不可忽视的是，如 2008 年三聚氰胺事件、2012 年黄曲霉素事件等食品安全问题时有发生，给人民的生命财产安全造成了极大的损害，严重地制约着我国国产乳制品产业的健康发展，引发了学术界及产业界对当前乳制品产业价值网络治理机制的反思。

乳制品产业价值网络具备高度市场化、集成化特征。价值网络所涉及的服务主体包括奶农、收购商、乳制品加工企业、乳制品批发商、零售商等多个服务模块；从服务流程模块来看，主要包括奶牛养殖（原奶供应）、乳制品加工以及乳制品销售等各服务流程模块。各服务模块按照既定的界面规则将各价值要素进行松散耦合，从而实现服务定制化需求。

3. 案例描述总结

通过对案例的描述，我们发现，无论是国家烟草专卖体制的卷烟产业还是受市场机制支配的乳制品产业都面临着各自的产业治理问题，换言之，无论是行政管制还是市场计划体制都存在其固有的缺陷，如何避免或破解这两种机制所引发的产业价值网络治理机制的困扰，是本书选取这两种产业案例进行比较的主要原因。下面将从服务模块化视角来对两种产业价值网络所治理机制进行案例比较，力图寻求相应的改进之策。

（五）案例比较分析：规则、知识及产权视域中的服务模块化价值网络治理机制

在厘清服务模块化价值网络的规则、知识及产权三要素及其相互关系的基础上，应当明确服务模块化价值网络是诸多产权主体的结合体，而现有文献大多强调规则在模块协调中的作用，却忽视了产权这一基础性的作用，最终抑制整个价值网络知识整合效用。因此，要厘清两个问题：一是卷烟产业与乳制品产业价值网络在规则、知识和产权三种视域中的治理机制特征；二是从服务模块化视角这两种产业价值网络治理机制所面临的治理挑战。

1. 规则视域中的服务模块化价值网络治理机制

服务模块化价值网络界面规则始终包括显性的设计规则和隐性的设计规则两类。前者通常包括治理结构、界面和检测标准三要素；后者体现在规则设计者的权威、模块间的默契、信任等。

通过调研我们发现，卷烟产业化价值网络显性规则机制具备三种特征：结构的集权性、界面的专一性及检测标准的权威性。这主要体现在三点：统一领导、垂直管理及专卖专营，即整个卷烟产业价值网络的界面规则设计权集中到国家烟草专卖局，对卷烟产业实现行政监管、垄断经营，其他任何服务主体均无权干预。国家烟草专卖局不但从宏观层面和微观层面厘清各服务组织权限与职责及协调规则，而且对每个服务组织设计专一的服务模块界面接口；实现各服务知识的机械式耦合（见图 7 - 2）。在隐

性规则机制方面，由于其产业具有极强的计划经济色彩，国家烟草专卖局对整个卷烟产业价值网络其他服务主体具有直接控制力，加之烟民对烟草需求的相对稳定性，整个价值网络的活动具有很强的可控性。因此，通过国家烟草专卖法及其相关条例就能够满足当前卷烟产业价值网络治理需要，而无需隐性契约、声誉等机制的补充。

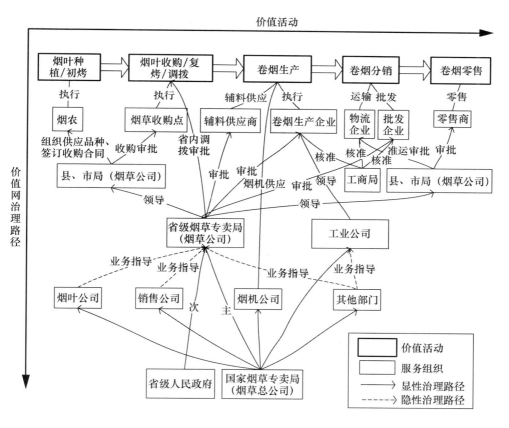

图 7 - 2　规则视域中的卷烟产业价值网络治理机制

在乳制品产业价值网中，各服务主体作为一个独立的子系统，具备模块主体内部规则设计能力，但苛刻的顾客需求使单个服务主体难以独立应对，而是依赖各服务主体的分工与协作，并在长期磨合、积累中自然地形成默契、关系等隐性规则。随着时间的推移，服务模块界限日趋模糊，单纯地依靠传统契约、合同等显性规则难以满足当前治理的需要，反而声誉、信任及关系等隐性规则机制的效果日益明显（见图7-3）。这体现在两个层面：一是价值网络层面，由于各模块在合作的同时也存在竞争关系，在不确定环境中，由于隐性规则的缺失，容易导致服务主体在知识交

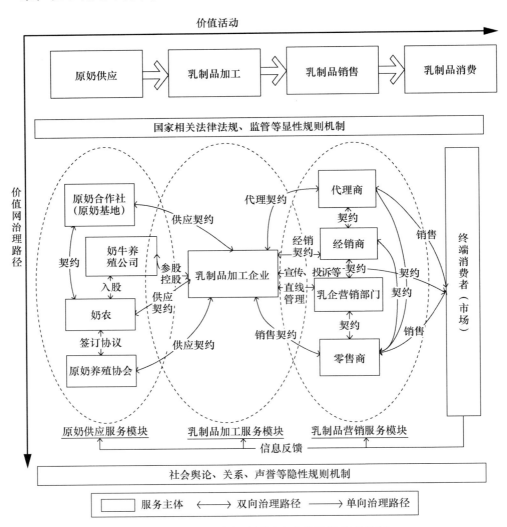

图7-3 规则视域中乳制品产业价值网治理机制

易中出现"偷懒"等机会主义行为。以三聚氰胺事件为例：国家在食品监管体制、质量标准不确定性及较高的检测成本压力的同时，社会舆论、关系、声誉等隐性规则机制尚未健全，在此情况下，为了提高原奶蛋白含量，奶农在原奶中添加三聚氰胺等有害物质，最终酿成严重的食品安全事故。二是模块内部层面，服务模块内部价值活动具有可预见性和可控性，可以通过显性契约机制加以解决，但在现实中显性规则机制作用也需要隐性规则机制的支撑。例如，2012 年蒙牛黄曲霉素事件表面上由于环境潮湿所引发的奶牛饲料发霉变质所致，但实质上是奶农缺乏声誉、质量及道德观念所引起的，因为奶农在奶牛养殖过程中只需专业操作规则就能够避免此类事件的发生。

综上所述，两种产业价值网络规则治理机制特征比较结果如表 7 - 2 所示。

表 7 - 2　卷烟产业与乳制品产业价值网络界面规则机制对比

比较维度	价值网络类别	卷烟产业	乳制品产业
显性界面规则机制	治理结构	偏一体化组织治理结构	偏市场组织型的治理结构
	模块界面	专一性	兼容性
	检测标准	严格、具体、权威	不完善、执行成本高
隐性界面规则机制	关系、信任等治理机制	缺乏效用	尚未完善

2. 知识视域中的服务模块化价值网络治理机制

在卷烟产业服务模块化价值网络中，烟草及其相关附属知识具备两种属性。一是公共品属性，它具有非排他性和非竞争性。国家通过高壁垒机制设计使卷烟产业价值网络内部服务组织对烟草知识资源的依赖和消费不影响其他服务主体同时得到并对烟草知识进行消费。二是私人品属性。各地区烟草工商企业拥有自身的烟草品牌产品，并在经营和营销上形成竞争的治理模式。为了解决服务模块间异质性知识衔接问题，知识交易双方会选择通过参股或共同出资成立新服务组织。例如，江西中烟工业公司与省烟草公司合资成立赣南烟叶烤复公司，提高了烟叶收购与制丝、加工环节的衔接效率。但是卷烟产业价值网络知识交易机制易引发三种问题：①出现知识黏性现象。这是因为在烟草国家专卖治理结构下，卷烟产业价值网络各服务主体隐性知识缺乏生存土壤，信任、关系等隐性治理机制效用弱化容易诱发知识黏性现象；②治理效用不足，在卷烟产业价值网络行政和地方垄断机制下，大量的实证研究表明，在不存在市场竞争体制约束的状况下，企业会放松内部管理和技术创新，从而导致生产低效率，消费者效用得不到完全满足；③创新能力不足，烟草知识进入（退出）高壁垒机制，促使烟草知识成为一定层面的公共品知识，相关服务主体缺乏对相关烟草知识的研发、治理，创新缺乏动力，导致整个卷烟产业价值网络知识创新能力不足。

乳制品产业价值网络知识转移机制有两大特征：①价值网络知识高效整合，在不确定性环境下，各服务主体面临着知识交易对象、条件及收益的不确定性，为了消除这种顾虑，它们选择通过契约或非契约方式迅速寻求最优交易伙伴，降低环境不确定性所引发的知识交易的不确定性，最终实现知识要素的优化整合。②促进价值网络的知识创新，其包含两层意思：一是单个服务组织知识创新。在市场化环境下，国家出台一系列知识产权、品牌专利保护等显性契约机制，确保乳制品企业能够通过自身的显性知识开发和隐性知识培育，获取应有的价值收益，促进各服务主体知识创新。二是乳制品产业价值网络知识创新。消费者对乳制产品的苛刻要求迫使各服务制造商通过知识外化与内化，实现价值网络产品或服务创新，以不断适应个性化的顾客需求。但是在不确定性环境下，服务模块之间的知识传递尤其是隐性知识传递充满不确定性，难以通过显性规则机制提前预测与监管。加之市场机制固有的缺陷，最终诱发食品监管漏洞等机会主义行为。

综上所述，两种产业价值网络知识交易机制特征比较结果如表7-3所示。

表 7 - 3　知识属性对两种产业价值网络知识交易机制影响比较

价值网络类别	知识属性特征	知识交易机制特征
卷烟产业	①知识公共品属性特征明显，私有性知识偏少 ②知识显黏特征明显	①知识黏性现象突出 ②知识创新能力不足 ③治理效用不足
乳制品产业	①知识私有属性特征明显 ②知识隐性特征占主要部分	①知识整合效率高 ②知识创新能力强 ③食品监管漏洞易出现

3. 产权视域中的服务模块化价值网络治理机制

在卷烟产业价值网中，系统集成商是唯一、事实的产权主体。国家烟草专卖局将烟草生产经营权委托地方烟草工商企业，实行母—子公司治理体制，本质上是委托—代理机制，但由此易引发两种问题：一是我国现有的卷烟产业垄断机制效应所创造的高额利润不仅成为地方政府重要的财政收入，还能够使代理方获取一定的剩余索取价值，诱发地方政府联合地方烟草工商企业采取机会主义措施，致使委托方与代理方利益冲突。因此，委托方不得额外用治理工具来化解冲突，如监督机制匹配等，但又需要配置一定的人员来实施这种机制，必然会导致价值创造成本的上升。二是卷烟产业价值网络产权分离抑制了代理方的主观能动性。例如，地方卷烟厂通过投入大量研发资金，研制品质好、利润高的卷烟产品，但国家对此有计划数量、结构等严格控制，必然抑制服务主体的知识创新。不可否认的是产权分离机制在约束型价值创造行为上的劣势不明显，反而能够在有限的成本（资源）下促成合作均衡的实现。

乳制品产业服务模块化价值网络是多个产权主体的结合体，如图 7 - 4 所示。在高度市场化环境中，产权主体所掌握的知识要素不均衡，并影响其对能够具备相应服务行为的许可且从中获取均等剩余价值的能力。产权主体获取剩余价值的能力取决于产权独立性和模块知识关键度两种因素。一方面，产权主体通过相关知识要素的集聚，提高产权模块对系统界面规则设计的影响力或知识关键度。不难发现，在原奶供应模块与乳制品加工服务模块的知识转移机制中，契约 3、契约 1 和契约 4 更有利于提高奶农对原奶剩余价值的索取能力。另一方面，产权主体所掌握知识的关键度又能够保障和提升其产权独立性，并在知识交易中获取更强的议价能力，因此，从乳制品销售模块对剩余价值索取能力来看，契约 C 和契约 D 明显大于契约 A 和契约 B。虽然独立产权机制使产权主体实现敏捷性的设计与协调，但由于缺少显性或隐性规则设计时也可能引发两种问题：一是处于知识交易弱势一方的服务主体在面对亏损状态时，可能会采取"偷懒"、"搭便车"等行为来减少亏损，从而损害另一方面的利益，如偷工减料，以次充

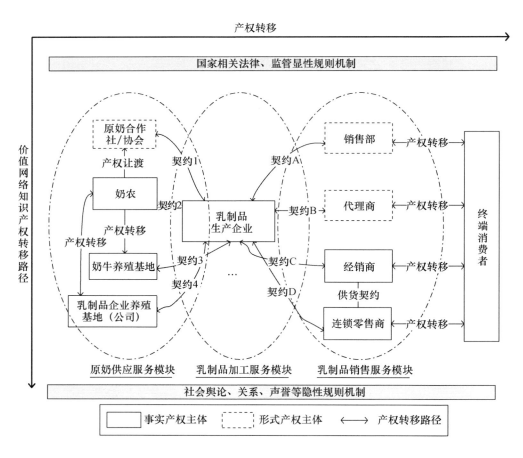

图 7－4　产权视域中的乳制品产业价值网络治理机制

好等。二是产权主体间的知识内化与外化之间的矛盾制约着价值网络治理的效果，不确定性环境使知识交易双方的合作安全感降低。

综上所述，两种产业价值网络产权治理机制特征比较结果，如表 7 - 4 所示。

表 7 - 4　卷烟产业与乳制品产业价值网络产权治理机制比较

价值网络类别	产权分配机制	产权结构	产权治理机制特征
卷烟产业	委托—代理机制为主	①只有一个事实上的产权主体 ②进入权与剩余价值索取权分离	①代理方的潜在机会主义的可能提高价值网络的治理成本 ②代理方的主观能动性不足
乳制品产业	独立的产权机制	①知识进入权与剩余索取权统一 ②存在多个事实上的产权主体	①产权主体所掌握关键价值要素的不均衡性，影响其剩余价值获取能力 ②处于知识交易弱势一方，也能够引发机会主义行为 ③知识交易双方合作安全感不高

（六）案例讨论

服务模块化价值网络组织作为一种特殊的网络组织，将分工经济与合作效益有效地结合起来。服务模块化价值网络有三种特征：①联系规则——标准化界面规则；②服务模块关联——松散耦合；③价值创造路径——模块化分工与集成。服务模块化困境是指在价值网络运作过程中出现违背服务模块化理念或阻碍服务模块化运行的现象或行为。

1. 界面规则标准化困境

价值网络的界面规则标准化有两层含义：一是界面规则的明确性，即能被服务模块明确感知；二是界面规则的权威性，即被各服务模块所认可或遵循。当二者都具备时，才能真正意义上实现产业价值网的服务模块化治理。

卷烟产业价值网络治理机制界面规则标准化困境主要体现在界面标准的权威性受到挑战。在界面规则机制设计程序上,卷烟产业价值网络界面规则设计由国家烟草专卖局单向制定,并未与其他参与服务模块进行商议,参与服务模块只能被迫接受,无疑降低了参与成员对界面规则的认可度。在界面规则运行效率上,服务模块间的知识转移更多体现为一种规则程序的安排,而并非是自我设计和自我反应的行为。在知识转移时,依赖第三组织,提高了信息收集成本。在界面规则内容设计上,从产权视角而言是一种产权分离规则机制,在委托—代理产权机制作用下,地方烟草工商企业通过相应的服务行为无法获取相应的知识剩余价值索取,故基于自身的利益,选择与地方政府形成某种默契,使委托方与代理方之间出现对抗现象,国家烟草专卖规则机制只出现在"红头文件"中。

乳制品产业价值网络治理机制的规则困境更多地表现为界面规则的模糊性,即界面规则过于隐性,服务模块难以感知。面对复杂动态环境,乳制品产业价值网中显性契约机制难以应对顾客对产品服务的苛刻要求,在其知识转移中更多依赖隐性规则机制,以弥补显性规则的时滞性,但服务模块对隐性规则感知成本较高,迫使人们更愿意通过直觉、声誉等感性手段去选择交易伙伴,降低产业价值网络服务模块化效率,导致界面规则缺位。

2. 服务模块松散耦合困境

服务模块化设计要求减少模块间耦合性,让模块间尽可能独立,实现服务模块的松散耦合。这依赖三种要素,即界面规则标准化、模块独立性及系统内部市场化。当三者中的一种及以上要素缺失时,就会处于紧密耦合或畸形松散耦合状态。紧密耦合会致使产业价值网络的共性特性覆盖各服务模块的个性特征,而畸形松散耦合虽然能够使各服务模块根据系统界面规则实现模块松散耦合,但由于界面规则的残缺,参与价值活动的知识要素缺少"过滤"程序,导致价值网络的价值创造并不被消费者所接受。

卷烟产业价值网络治理机制的松散耦合困境主要体现在两点:①在纵向一体化治理结构下,服务模块独立性缺失,烟草产品及其附属产品及隐性知识资源配置受到国家宏观调控机制的干扰，难以实现模块知识松散联结；②卷烟产业价值网络产权分离机制及知识高壁垒机制，导致服务模块无法通过自己的经营获取等额剩余价值回报，制约服务模块的主观能动性，缺少寻求优质交易对象的动力。

面对复杂动态环境，由于乳制品产业价值网络治理机制设计并未及时更新，致使界面规则机制出现残缺，导致服务模块间出现畸形松散耦合状态，这证实了部分学者所认为的松散耦合并非是一种理想状态，应予以修正的观点。以三聚氰胺事件为例：原奶供应商利用乳制品产业价值网联系规则，通过市场化机制寻求理想的客户，从而获取更高收益。为提高原奶的蛋白质含量，奶农利用相应的质量检测标准、监管机制缺失，在原奶中添加三聚氰胺等有害物质，导致食品安全事故悲剧的发生。

3. 服务模块化分工与集成困境

服务模块化首先是将各个特定的服务功能打包，形成面向特定需求的服务包，其次通过硬、软件技术，对模块重新组合，持续地为客户提供满意的产品服务（Hyotylainen & Moller，2007）。其中，硬件技术包括设备、资金等物质性技术，软件技术包括价值网治理机制等，本书仅局限于软件技术对服务模块化分工与集成的影响。

乳制品产业价值网络的模块化分工与集成的困境具有后馈性特征，即在其治理机制实施到一定阶段后才能被感知。相比较而言，乳制品产业价值网服务模块化治理机制水平确实得到了显著提升，但不可忽视的是，我国乳制品产业价值网的服务模块化治理效果并未得到消费者的认可，乳制品质量安全事故时有发生。这体现在两点：①在低壁垒机制环境下，由于价值网中食品质量监管机制、检测标准等界面标准的欠缺，服务要素在进入服务系统过程中缺少"过滤"程序，导致被分解的功能模块不可避免地渗透不良物质；②在多元环境中，不同服务组织或个体在对类似的外部刺激基于不同的价值理念产生不同的行为，以信任、声誉等隐性契约尚未形成体系机制，服务模块基于有限理性，在服务模块化产制中极易出现诸如偷工减料、道德绑架等机会主义行为。

（七）案例启示与对策：服务模块化价值网络治理机制的改进路径

通过案例比较与讨论我们发现，产业环境对服务模块化价值网络治理机制的设计具有重要影响。在不确定性环境下，规则、知识及产权要素的不协调使服务模块化价值网络的治理陷入规则标准化困境、模块松散耦合困境及模块化分工与集成困境，导致价值网络在知识转移过程中出现机会主义现象，其根源在于产业价值网络服务模块化治理机制体系尚未形成。基于此，本书从界面规则设计、系统分割、知识融合、知识共享及创新提出相应改进路径，不仅解决了交易成本理论视角下服务模块化价值网络的三种困境，还能够为服务模块化价值网络的价值创新提供新的思路。

1. 界面规则标准与程序设计机制改进路径

（1）显性规则与隐性规则标准并重，增强界面规则标准的可衡量性。需要明确的是价值网络得以存在的基础是抽象界面规则的存在，而服务模块化价值网络是将抽象界面规则进行标准化设计，以减少为应对不确定性环境而产生的管理和集中需求。结合案例比较，卷烟产业价值网络在烟草专卖法及其条例能够一定程度上保障卷烟产业行政垄断。但从该产业改革趋势上看，尤其在政企分离改制背景下，引进局部市场化机制，服务模块之间及服务模块与顾客之间的频繁交互促使服务模块界面日趋模糊。同时，隐性契约机制尚未形成，凸显烟草专卖机制的困境，如烟草地方垄断的现实与工商分离改革机制设计初衷相悖。对比之下，乳制品产业价值网络服务模块界限模糊，决定其更多依赖于隐性规则机制作用。但隐性规则参数在模块化测量时无法准确地定义和量化，更缺乏强制力的"天然缺陷"，因此，单靠模糊的规则机制不可避免地会诱发食品安全事故。

基于此，价值网络规则设计者在界面规则机制改进路径上，有必要加强模块界面公理化设计，由注重显性规则设计的路径演变为隐性规则机制与显性规则机制设计并重的治理路径，尤其是增强隐性规则机制标准的可衡量性和具体性，这不仅解决了 Grandori（2001）等学者所提出的模块个体的认知性失灵问题，也证实了 Zander 和 Kogut 等学者所提出的模块化组织的规则治理机制具备创新功能的观点。

（2）强化界面规则动态化设计程序。在产业价值网络知识不断膨胀、裂变，界面规则设计需要在一定架构及知识基础上，进行适当调整以完成动态演化，模块化组织治理必须强化规则的传承性，即保持服务模块化价值网络治理结构的稳定性及组成规则的知识要素灵活性的双重属性。结合案例我们发现，在工商分离的改革背景下，卷烟产业隐性契约机制标准欠缺导致委托方与代理方之间的利益冲突并提高价值网络的治理成本；在高度竞争环境下，乳制品产业价值网络显性规则机制的缺位导致有害价值要素的渗透，进而威胁乳制品的质量安全。由此可知，服务模块化就是对服务模块主体之间的利益关系进行组织和协调的过程（Tushman，2009），而产业价值网络并非故步自封的系统，在核心企业与价值模块供应商之间存在多重信息自我进化的机制（柯颖，2013）。在服务模块化价值网中，由核心服务模块主导系统规则的设计，并与各服务模块进行技术性问题交流讨论后而确定，以确保系统界面规则成为共识。在服务模块化治理过程中，模块交易双方就价值网络的变化环境实时交换信息，并对系统的设计同步进行规则与产制的细部微调，促进规则机制的演化与升级，逐次逼近形成较公正的价值网络界面标准。这不仅能避免由于规则的时滞性导致界面规则的缺位与越位现象，还能够使每个模块都直接面对市场需求的动态变化而做出灵活反应，实现服务模块化价值网络的敏捷协同效应。

2. 服务模块化价值网络分割机制改进路径

斯密曾指出，分工能带来经济性。杨丰强和芮明杰（2014）认为，模块化分工是基于功能的分工。价值网络系统能否分解则是价值网络能否被模块化的核心指标。为此，服务模块设计必须遵循公理化设计，即按照功能性分割方法对价值网络系统进行分割，功能性的层次能够决定模块的独立性及内部运作的自由度。结合案例比较我们发现，卷烟产业价值网络以产制过程作为服务系统的分解方式，被分解后的模块间的许多作业都具有相关性，服务模块本身缺乏独立产权，因此模块间的知识要素就难以内部融合，导致服务模块内部难以形成功能、结构独立的知识体系。卷烟产业价值网络中"隔墙式"的知识设计模式也证实了这一结论。可以明确的是，乳制品产业价值网络虽然在一定程度上实现了服务模块化分解，但在不确定性环境下，界面规则机制的缺位导致现有的产业价值网络分解模式缺乏对有害知识的过滤，造成食品安全事故的发生。

基于此，规则设计者应提高功能性分割层次，将模块内部的知识包裹化，模块间只能通过界面进行沟通，一方面，规则设计者改变以往对价值网络系统分割标准不进行具体设计，而是通过以能力这一抽象分解标准进行系统分割，强化服务模块能力要素的集成性与动态性特征；另一方面，可赋予服务模块完整的知识吸收与供应产权，即模块能够自行凝聚有效知识要素并能够形成知识结构完整的功能体，增强模块知识、信息的包裹能力。

3. 服务模块化价值网络融合机制改进路径

在能够模块化的服务系统中，对各部件基于特定的联系规则进行创造性的分解和整合，可以实现复杂系统的创新。服务模块化能够化解系统的复杂性、增加模块的创新能力和具备模块组合的弹性，实现因应多样性的定制化需求及质量标准化产出。通过案例我们发现，卷烟产业价值网络各服务模块间的知识融合是国家计划的结果，即使在高度市场化机制作用下，乳制品产业价值网络服务模块知识松散耦合也难以达到顾客的需求，亦证实了单纯地依靠价格手段难以实现知识松散耦合。服务模块化集成就是将各功能结构相互独立的服务模块界面相互耦合、彼此联结，集成一个大的服务系统，通过这些服务模块的协作进行功能性整合以使总体系统更有效率地运转。

因此，按照周翔等（2014）的观点，在完全模块化状态下，每一个模块的进入权与剩余索取权都分别掌握在同一个代理人手中，确保他的投入和回报完全对应，进而每一个模块的产权都可以自我实施，推动模块化的演进。在服务模块化价值网络界面规则机制的完整性与标准可衡量性改进路径基础上，赋予各服务模块知识进入权与剩余索取权集于一体，能够支持服务模块进行独立规则设计，进而对模块知识进行"封装"，外部服务参访者无权探究其内部信息，有效实现服务模块间的信息隔离。价值网络的运作依赖模块产权主体的相互联系与协作，各产权主体必然存在特定的联系规则与联结方式，它们只在需要联结时，才能进行模块间知识自主联结，这不仅促使各服务模块的自主创新，还能避免服务模块由于不确定性环境所引起的机会主义风险。

4. 服务模块化价值网络共享机制改进路径

在价值网络中，产权分配机制设计的本质是以知识产权为核心的知识占有机制的内在逻辑是自利主义，强调单个服务主体如何通过对知识的独占性和排他性而索取最大知识剩余价值，这种治理机制在规避机会主义的同时，也无形中压制了利他主义的知识分享，这与服务模块化治理机制设计要求相悖。服务模块化知识产权机制强调不仅要通过知识产权保护模块独立的规则设计能力，更要注重不同服务模块间通过价值网络共享平台实现分工和集成双重效应。

基于此，一方面，要确保各服务主体对所掌握的核心知识产权，确保各服务模块的独立性；另一方面，要打破卷烟产业价值网络中的"隔墙式"知识设计模式以及乳制品产业价值网络中的畸形松散耦合的怪圈，使价值网络知识能够真正松散耦合。因此，在服务模块化价值网络中，需要构建服务模块化知识共享机制，如战略上的弱化知识产权机制（对非关键知识弱化知识产权，通过战略上弱化避免对自身机会的封锁）（王雎，2009）、共享的知识产权机制、妥协的知识产权机制（企业让出部分知识提升共享的整体绩效）等，这将打破传统价值网络中将知识产权机制作为一种隔离机制来规避机会主义行为，而且更加注重服务模块间的知识共享，鼓励服务主体通过贡献、分享知识来促进产业价值网络整体价值创新。其中，对核心服务模块或规则设计者而言，需要具备对各服务模块的显性知识和隐性知识的有效识别能力，强化对价值网络知识的重构能力，进而构建知识共享平台和知识传递渠道。

5. 服务模块化价值网络创新机制改进路径

在模块化条件下，产业价值网络的价值创新表现在以顾客满足需求为目的，以知识作为创新来源的报酬递增，其价值创新主体包括服务系统的集成商及各参与模块供应商。在交易成本理论视角下，服务模块化价值网络治理机制设计集中探讨的是信息不对称与机会主义的问题，强调的是服务模块间协调成本最小的机制选择，但是对于有限理性的理解只关注信息成本与有限计算能力的问题，而忽视了知识的创造与增长。这体现在两点：一是界面规则设计的越位现象突出，将服务模块创新激励效应演变为束缚模块创新的缰绳；二是价值网络的壁垒机制明显，在高度竞争环境下，单纯依靠价值网络内部资源难以应对消费者对不断更新知识的需求。

基于此，一方面，规则设计者要给予各创新服务模块更多的创新自由，以促进创新资源与创造能力的流动与有效配置，同时，服务模块化价值网络的创新需求能够基于服务模块化得到有效分解，创新服务模块能够最大限度地体现自主性和灵活性，实现非同步的知识创造。另一方面，随着知识信息的快速创造和扩散，需要原有的服务模块化阻隔边界，通过无边界化的治理机制设计最大限度地将各创新主体融入知识整合与创造，使服务创新资源能够在服务模块内外自由流通，从而加速服务模块化价值网络的创新步伐。

（八）案例分析总结

本章采取层层递进的研究思路，先通过案例比较分别对规则、知识及产权视域中的卷烟产业与乳制品产业服务模块化价值网络治理机制及治理问题进行分析。研究发现，一方面，产业环境对服务模块化价值网络治理机制的设计具有显著作用，在不同产业环境下，服务模块化价值网络治理机制具有不同的特征；另一方面，在不确定性环境下，两种产业服务模块化价值网络都陷入了界面标准化困境、服务模块松散耦合困境及模块化分工与集成困境。

基于此，本书提出了三条服务模块化价值网络治理机制改进路径：首先，在界面规则机制设计上，改变传统只重视显性规则机制设计而忽视隐性规则机制设计的思路及界面规则机制效能低下的现状，并提出将隐性规则机制与显性规则机制设计并重的思路，加强界面规则标准的可衡量性设计的改进路径。其次，针对服务模块松散耦合困境及模块化分工与集成机制困境，提出三条改进路径：一是通过提高功能性价值网络系统分解层次，构建能力要素型系统分割机制，有效地提高服务模块的独立性；二是在前述改进路径基础上，提出构建独立产权机制设计，真正实现服务模块的松散耦合联结；三是改变传统利己主义的知识产权观，树立以分享为目的的新型知识产权观，并在此基础上完善服务模块化价值网络共享机制设计。最后，针对既有的价值网络治理机制研究仍然局限于服务模块的有限理性的治理，却忽视了知识本身的创造与增值，提出无边界化的服务模块化创新机制改进路径。

二、服务模块化价值网络治理机制对价值创造影响机理的实证分析

作为一种新型的网络组织形态，服务模块化价值网以网络结构为支撑，裂变为若干服务功能模块（黄子恒，2009），发展为复杂的社会经济组织形态（Maillat，1993），成为适应知识社会、信息经济并由活性节点的网络连接构成以创新为灵魂的组织（林润辉和李维安，2000）。产业服务模块化价值网有序运行离不开有效的治理机制，这个治理机制是对产业网络组织中合作各方行为起到制约与调节作用的宏观规范与微观准则的总和（孙国强，2003）。通过对产业服务模块化价值网的有效治理，重构价值创造体系，能够促进区域产业升级。

国内外现有的文献主要是对服务模块化、价值网、全球价值链治理进行了研究，而对服务模块化所形成的价值网，从治理机制的角度出发，分析产业组织价值创造的成果却为数不多。

服务模块化价值网治理机制对价值创造的影响机理

产业组织结构和产业竞争模式经历着持续变革和创新，产业价值网中的各个利益主体之间常常是服务关系，彼此之间由服务活动而联结，每个服务模块构成一个价值创造单元，内外服务模块的相互融合便形成了整个服务价值创造系统。对这个服务价值系统的有效治理是提升产业绩效的重要途径。

基于此，本节以服务模块化价值网治理机制的价值创造为切入点，根植于江西农产品加工业，通过调研获取数据，主要运用实证研究来探析服务模块化价值网治理机制对价值创造的影响机制，探求解决现实中产业服务模块化价值网运行中制约价值创造矛盾的对策。

（一）服务模块化价值网治理机制对价值创造影响的机制模型

1. 理论背景

（1）网络组织治理机制理论。网络组织治理机制作为一种协调机制（Richardson，1972），本质是为了促进成员间的互动，并更好地协调、整合资源，其形成源于网络治理特有的关系属性，现实表现是在适应先前合理规则的基础上创新规则（李维安，2005），构成要素包括信任、学习、竞争、声誉、分配、创新、决策、协调、制裁、文化、激励、约束等维度。网络组织治理机制的作用在于保证组织的完整性，使组织行为与其战略目标相一致（Stephenson，1999），以此来杜绝网络组织内成员间的投机行为，使网络组织内的机会主义风险尽可能降低。

主流的观点认为，网络组织治理机制可分为契约治理机制与关系治理机制。前者主要用于交易层面的网络治理，关注如何通过正式契约对网络组织中节点企业间的交易关系进行协调；后者是指影响企业间个体行为的非正式协议与默认的行为准则。换个标准，正式的治理机制和非正式的治理机制也是网络组织治理机制的两种表现形式。对于正式治理机制，其具有合约的责任限定以及为了相互合作所设计的规范（Dekker，2004），作为一种单独且可行的操作机制，它必须清楚地限定组织规定的行为或结果（Hoetker & Mellewigt，2009）；对于非正式治理机制，主要针对网络组织内的关系进行治理或者对网络组织内的成员实施某种控制，当然，这种控制是具有社会性的（Dekker，2004）。同时，非正式治理机制还可以通过非正式的文化或者某种体系来影响网络组织内的成员与伙伴，但要以自我约束和自我管理为前提，而且有自组织的性质（Ouchi，1979）。如果网络组织内的成员不能决定和控制自我行为，不具备名声、信任和信息交换等构成行动机制的因素，那么这种治理机制就失去了存在和运行的基础。除此之外，Williamson（1991）还提出了另外三种类型的治理机制：市场的、科层组织的以及市场与科层组织混合的，而 Van Der Meer - Kooistra 和 Vosselman（2000）则在吸收交易费用经济学提出的市场模式和科层组织模式治理机制的基础上，又增加了信任模式治理机制。经济社会学家则认为，不能把网络组织视为市场与科层的混合，它有其自身独特的运作逻辑，因而有独特的治理机制。

（2）网络组织治理水平理论。网络组织治理水平被确定为治理结构的一个组成部分，它被定义为组织间的密切程度或关系力（Golioic et al.，2003）。作为与组织关系治理水平呈正相关关系的变量，承诺、信任和依赖等要素都可用来解释网络组织治理水平（Bove & Johnson，2001），而联合组织的组织间关系信任既是前因变量，又是结果变量（Inkpen & Curral，1998）。

网络组织的治理水平也与网络组织的外部控制有很大关联，如果有直接、完整的外部控制，就能产生较高的效用，表现出合理可取的关系网络状态（Keith & Milward，1995）。需要指出的是，如果设定一个特定的机制来集中调节关系网络的运行，使其成员的行为产生协同，这要比无控制和无整合状态的分散化关系网络运行更有效（马占杰，2010）。可见，组织间密切程度或关系力调整而带来的治理水平的变化，会影响网络组织治理的绩效。

2. 模型构建

在以上理论分析的基础上，我们挖掘出影响价值创造的服务模块化价值网治理机制，提出本书的主题假设：初步确定"服务模块化价值网治理机制①→服务模块化价值网治理水平→价值创造②"的理论假设，具体为：

H1：实施服务模块化价值网治理机制会对价值创造产生显著的影响；治理机制优化程度高的产业，其价值创造能力相对较强；而治理机制优化程度低的产业，其价值创造能力则相对低下。

H2：服务模块化价值网治理机制的不同形态（包括市场治理、社会治理和政府治理）均会对价值创造产生影响，但影响程度存在差异。

H3：服务模块化价值网治理机制不仅可以直接影响产业的价值创造，而且可以通过服务模块化价值网治理水平的强弱对价值创造产生间接影响。

H4：服务模块化价值网治理水平在服务模块化价值网治理机制影响价值创造中起中介作用。

根据以上假设，形成服务模块化价值网治理机制作用于价值创造的模型。模型中所涉及的变量有：自变量（服务模块化价值网治理机制）、因变量（价值创造）和中介变量（服务模块化价值网治理水平）。其中，服务模块化价值网治理机制包括市场治理、社会治理和政府治理三个二级指标。其中，市场治理包括契约治理和竞争治理等若干个三级指标；社会治理包括信任治理、声誉治理、文化治理、惯例治理、学习与创新治理等若干个三级指标；政府治理包括协调治理、整合治理、知识治理和激励治理等若干个三级指标。价值创造包括价值发现、价值创新和价值管理三个二级指标。其中，价值发现包括发现顾客需求等若干个三级指标；价值创新包括价值变异等若干个三级指标，价值管理包括价值协调、价值整合等若干个三级指标（见图7-5）。

---

① 服务模块化价值网治理机制是指对产业中独立运行的服务价值模块之间所形成的价值网络的构成主体（如集成商与分包商）之间关系进行组织、协调与控制，使网络内价值创造极大化的利益制衡机制。

② 价值创造是指对产业中的各个经济活动进行优化管理和制度设计，使其良好协作所实现的价值增值过程。

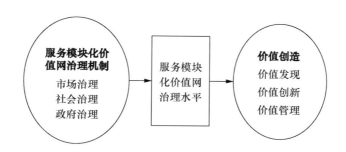

图 7 - 5　服务模块化价值网治理机制影响价值创造的机制模型

（二）研究设计

1. 调查及问卷设计

经过调查问卷设计、预调研、问卷修订和正式调研等环节，我们获得江西农产品加工业服务模块化价值网治理机制影响价值创造方面的数据。在问卷设计等方面，汲取并采纳专家的意见，尽可能保证问卷的科学合理。在调查过程中，控制好访谈问题设计、访谈和同源误差三个重要环节，保证所获江西农产品加工业服务模块化价值网治理机制的数据资料的客观性。对于图 7 - 5 所示的模型中各变量测量，通过查阅、参考大量国外相关研究，形成潜变量的测量题项，以保证测量的科学性。此外，为了提高样本问卷的回答率及回收率，我们拟采取对每位填写人员赠送一份精致礼品的方式来达成。

2. 样本选取与数据收集

为了提高问卷的信度和效度，本书在江西 10 个农产品加工企业中收集数据，编制初始预试问卷，并进行问卷前测。而后，采取探索性因子分析法，用 SPSS15.0 软件对问卷中各大变量的测量题项进行分析，探讨服务模块化价值网治理机制的结构维度。调查访谈对象主要是企业内部中高层管理者、技术人员及服务业的主管部门负责人。通过采取访谈与开放式问卷相结合的方式收集数据。

（三）实证检验

1. 信度与效度

假设检验前，用 SPSS15.0 来检验模型中所涉及变量测量问题的内部一致性，如表 7 - 5 所示的测量结果表明，模型中每个潜变量测量问题之间都有较高的内部一致性。

表 7 - 5　内部一致性检验

要素	市场治理	社会治理	政府治理	治理水平	价值发现	价值创新	价值管理
Cronbach's α	0.75	0.79	0.86	0.81	0.78	0.85	0.88

注：Cronbach's α 的理想值为 0.7 ~ 0.9。

之后，用 Amos18.0 检验模型的假设，得出如表 7 - 6 所示的检验结果。从表 7 - 6 中可以看出，适配度指标实际数值均位于理想的区域，说明服务模块化价值网治理机制对价值创造影响的机制假设模型与实际数据匹配。

表 7 - 6　模型适配度检验

适配度指标	χ^2/df	RMSEA	GFI	CFI	IFI	PGFI	PCFI	PNFI
实际数值	0.17	0.03	0.92	0.95	0.93	0.65	0.88	0.91
理想数值	< 2	< 0.08	> 0.9	> 0.9	> 0.9	> 0.5	> 0.5	> 0.5

2. 假设检验

Amos 假设检验的最终结果如图 7 - 6 所示。从图 7 - 6 中可以看出，服务模块化价值网治理机制的三个维度：市场治理、社会治理及政府治理的路径系数分别为 0.121、0.247 和 0.672，说明对治理水平均有显著影响。治理水平作用于价值管理三个维度（价值发现、价值创新和价值管理）的路径系数分别为 0.553、0.499 和 0.211，说明治理水平对价值管理的影响显著。

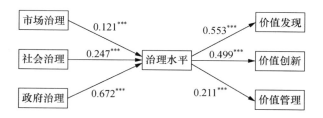

图 7-6　服务模块化价值网治理机制作用于价值创造的路径系数检验

注：＊＊＊表示 P 值小于 0.001。

（四）结论及建议

以服务模块化理论、价值网理论及网络组织治理理论为基础，从网络组织治理的三维度（包括市场治理、社会治理和政府治理）和价值创造三维度（价值发现、价值创新和价值管理）出发，本书构建了服务模块化价值网治理机制与价值创造的关系模型。在实证研究中，以治理水平为中介变量，探析了服务模块化价值网治理机制对价值创造的影响。研究结果表明，服务模块化价值网治理机制作用于价值创造的路径有以下三条：市场治理→治理水平→价值创造；社会治理→治理水平→价值创造；政府治理→治理水平→价值创造。这三条路径构成了服务模块化价值网治理机制对价值创造的作用机制，即"服务模块化价值网治理机制通过作用于治理水平，进而影响价值创造"。

本章的理论贡献主要有两点：一是在服务模块化、价值网和网络组织治理机制三方面理论的基础上，把服务模块化同价值网治理机制融合起来分析价值创造机理；二是把关系交换理论和对交易关系治理机制的拓展性研究引入服务模块化价值网治理机制的研究中，着重考量网络组织治理机制的市场关系要素和社会关系要素等变量对价值创造的影响机理，进而提出了服务模块化价值网治理机制的要素氛围，即市场治理、社会治理和政府治理。

在产业现实层面，本章从江西农产品加工业产业组织治理的角度，提出以下两条建议：其一，我国农产品加工业存在着产业化服务体系尚未形成、地区发展不平衡、行业内部不合理、对农业的带动能力不强等一系列问题，加强农产品加工业的行业服务及管理尤为必要。对于江西农产品加工业而言，加快构建、完善服务模块化价值网络，从市场治理、社会治理和政府治理三个层次科学设计治理机制，提高农产品加工业的网络化治理水平，对于提升该产业的价值创造能力是有益的。其二，不同的服务模块化形式，如服务产品模块化或服务对象模块化等，所生成的价值网络具有不同的特性（余长春和吴照云，2012）。因而，对于江西农产品加工业而言，在其产业组织范畴下，由服务模块化形成的价值网也分别对应着不同的网络状态，其治理机制各异。设计江西农产品加工业服务模块化价值网的治理机制，从而有利于价值创造，须区别对待不同的服务模块化形式所形成的价值网络。

第八章　结束语

本书重点运用规范分析、案例分析与实证分析的方法，通过对服务模块化理论逻辑、服务模块化与制造模块化的价值创造差异性、服务模块化影响价值创造的机理、服务模块化价值网影响价值创造的机理、服务模块化价值网治理机制的构建与运行、服务模块化价值网治理机制影响价值创造的机理分析，诠释了服务模块化价值网治理机制的演化脉络，探索了服务模块化价值网治理机制影响价值创造的机理与路径。

一、主要研究结论

（一）服务模块化与制造模块化的价值创造差异性

与制造模块化相比，服务模块化的价值创造有以下四大差异性特征：

1. 非标准化的界面分工与集成

模块化的分工与集成是模块化价值网络形成与整合的过程。制造模块化往往更需要考虑分工后的模块是否有利于在标准化界面上进一步集成，而且模块集成多发生于企业主体内部，外部顾客感知不明显。开放、包容的服务界面以及较强流动性的知识能力要素，使服务模块化通过分工与集成整合出多样的价值网络模式。服务模块化价值网络整合主要包括产品整合、功能整合和知识整合（刘明宇和芮明杰，2012）。服务模块化价值网络的产品整合以生产各类虚拟产品为主流，整合虚拟产品研发过程中的服务性资源，实现虚拟产品的无形性资源的合作、共享与开发（刘彪文，2010）。服务模块化价值网络包含多种服务功能模块，各模块之间的独立性保证了模块的移植性和替代性，实现了服务模块化价值网络功能的重新整合。知识整合必将带动服务模块化价值网络服务资源的整合，由此而产生的创新效应推动服务模块化网络组织内部的知识流动和共享（夏辉和薛求知，2012）。

2. 开放与融合的共生界面

制造模块化的对偶界面强调一种通用、匹配关系。在制造模块化企业，生产具有一定加工深度的标准和通用零部组件产品是主要任务，为了满足产品的广泛适用性和缩短产品的生命周期，往往通过批量生产的方式为其他企业提供加工制造产品。服务模块化通过各种知识能力要素渗透、互融形成的共生界面，能够有效、灵活地满足服务产品集成与联动关系，实现服务模块内部及服务模块主体之间的互动发展，延展了企业组织的边界，克服了标准化、系列化界面的限制，企业内部各服务要素与外部顾客感知相互嵌入，最大限度地满足顾客个性化、定制化的需求。

3. 低耦合度的服务模块连接

由于制造模块接口通常是有形的，因而其较容易被系列化、标准化，被系列化、标准化的接口提高了模块之间的耦合度。另外，制造模块化所依赖的柔性生产系统的产能很难进行调整，致使制造模块彼此间的依赖性增强，也使制造模块之间的耦合度增强。较高的耦合度致使制造模块之间的独立性变弱，一旦某个生产的关键环节出现问题，将会波及整个生产流程。服务模块之间的低耦合度意味着其独立性较强。如果服务模块之间的耦合度较低，服务模块就能很容易被分割，而且某一服务模块出现问题时也不会影响另一服务模块，增强了服务模块化组织运行的灵活性。

4. 精准的服务定制水平

虽然制造模块化企业也在力图满足顾客的个性化需求，但相比于服务模块化企业，其定制范式的出发点有所不同。制造模块化企业通常是先根据对客户需求的理解进行产品设计，然后按照设计方案提供可能的产品组合，最后由顾客进行产品选择。企业与顾客原则上需要保持一种进入的先后顺序。而服务模块化企业较普遍的个性化定制范式和定制技术，使其更容易与顾客进行一对一的即时互动，顾客属于优先主动的一方，可以直接参与到服务产品设计的全程中去，以期最大限度地满足自己的个性化需求。

（二）服务模块化影响价值创造的机理

服务模块化通过标准界面、松散耦合关系和服务定制化影响创新绩效。其中，标准界面是通过业务融合，标准界面下的"潜竞争"和标准界面的通用性来提高创新绩效；松散耦合关系是通过"创新淘汰赛机制"、吸收能力和服务外包来提高创新绩效；服务定制化是通过服务定制的三个层级来提高创新绩效。

服务模块化通过产品、流程和组织三个方面影响创新绩效。其中，服务产品模块化通过期权价值、降低创新风险和提高顾客满意度来提高创新绩效；服务流程模块化通过降低创新成本和风险提高创新绩效，但是服务流程模块化下的服务外包不一定能够提高创新绩效；服务组织模块化既通过服务产品和服务流程模块化侧面提高创新绩效，也通过组织学习和优化两个方向的创新活动来提高创新活动。

通过服务模块化的内生变量建立模型对服务模块化进行测量，在前人的基础上构建新的创新绩效测量体系，运用博弈交叉 DEA 的方法测量了创新绩效。研究发现，服务模块化能够正面促进创新绩效，但是当服务模块化超过一定限度后，会反过来降低创新绩效。

（三）服务模块化价值网影响价值创造的机理

服务模块化价值网络是一种柔性契约服务系统，是由若干结构和功能独立的价值模块按照共同的界面规则所构成的新型的松散耦合的网络组织。其形成并非一蹴而就，而是随着环境的演变，通过服务技术、服务产品、服务组织等模块化方式，由科层型价值链→服务模块化价值链→服务模块化价值网络的演进路径逐步形成。

产业服务模块化价值网不是基于权威控制的层级制组织，也不是完全的市场交易，而是一种基于自身目的和需要，以自愿参与或退出、自主决策、相互信任、互惠互利等基本原则为指导，在明确约定或默认的界面规则、机制以及不完备契约等条件下形成的一种行为主体间的社会互动系统，是一种特殊的网络组织形式。

产业环境和产业属性对产业服务模块化价值网运行及价值创造有直接影响，且这种影响不仅是产业价值网的局部影响，而是对产业价值网的节点模块、线性联系、界面等各层次的影响。市场化能够促进产业价值网服务模块化，提高产业价值网络的价值实现效率，在必要时，需要非市场化举措促进产业价值网价值创造的持续性与稳定性。

卷烟产业与食品制造业在价值模块节点活性、线性耦合、界面部件与接口设计及界面规则设计程序存在明显差异。与食品制造业相比，卷烟产业是一种管制产业，卷烟产业的国家专卖体制不能改变，对烟草这个特殊产业只有加强集中管理，才能避免盲目发展；只有实行国家垄断经营，才能避免财源流失，因此，只有在坚持烟草专卖制度的基础上，对卷烟产业价值网进行服务模块化的设计与治理。具体而言，就是根据具体产业环境与产业属性，利用网络组织特性，加强产业服务模块化价值网价值模块节点的内聚性设计、提升节点价值模块间的耦合松散关系及加强产业价值网的界面部件与接口设计，以提高产业服务模块化价值网价值创造效率，这对当前我国产业发展具有重要的现实意义。

（四）服务模块化价值网治理机制影响价值创造的机理

服务模块化价值网络治理机制是服务模块化价值网络治理的核心，由界面规则、知识及产权等要素构成，在构建的过程中受到核心主体的权威、价值网络边界开放性、服务主体产权独立性以及知识属性的影响，这些要素相互促进，共同作用于服务模块化价值网络治理机制的运行。

服务模块化价值网络治理机制并非具体某个产业价值网络治理机制，而是一种动态性治理机制。不同视域中的服务模块价值网络治理机制路径形态不同。①在规则视域中，服务模块化价值网络治理机制路径表现为显性规则机制路径与隐性规则机制路径，各自发挥不可替代的作用。其中，在规则机制设计上，包括了基于核心模块权威的规则机制设计路径和基于设计程序的界面规则机制设计路径；在规则机制实施路径上，显性规则机制与隐性规则机制相互补充；在规则机制调整路径上，包括了规则机制调整的三个步骤及需要调整的三项内容，即界面调整、模块间权力的调整以及交易机制的调整。②在知识视域中，服务模块化价值网络治理机制路径受知识属性影响，呈现出不同的知识服务模块化治理机制路径，如针对知识公共品属性，采取外部壁垒机制路径和内部市场机制路径；针对知识私有性属性，则采取知识产权机制和界面接口联结机制；针对显性知识，采取正式契约机制；针对隐性知识，采取关系治理机制路径。③在产权视域中，服务模块化价值网络治理机制主张独立的产权机制，即每个服务主体的知识进入权与剩余索取权统一，进而促进整个产业价值网络的知识松散耦合。

产业环境对服务模块化价值网络治理机制具有显著影响，在不同的产业环境下，其规则机制、知识交易机制即产权分配机制均呈现不同特征。不论是受行政管制的低市场化的卷烟产业还是高度市场化的乳制品产业，产业价值网络治理机制均始终存在服务模块化困境，即界面标准化困境、服务模块的松散耦合困境以及服务模块化的分工与集成困境，单纯地依靠科层治理机制或市场价格机制，无法真正实现产业价值网络服务模块化。为此，需要加强对服务模块化治理机制的改进，即在界面规则标准设计方面，强调显性规则与隐性规则标准并重，增强界面规则标准的可衡量性；在界面规则设计方面，强化界面规则动态化设计程序；在服务模块化价值网络分割机制方面，强调构建能力要素型分割机制；在价值网络融合机制上，构建以独立产权为基础服务模块的动态融合机制；在价值网络知识共享机制上，树立新型产权治理观，构建服务模块化的知识共享机制；在价值网络创新机制上，赋予模块创新自由，强化无边界化服务模块化的创新机制。

服务模块化价值网治理机制作用于价值创造的路径有以下三条：市场治理→治理水平→价值创造；社会治理→治理水平→价值创造；政府治理→治理水平→价值创造。三条路径构成了服务模块化价值网治理机制对价值创造的作用机制，即"服务模块化价值网治理机制通过作用于治理水平，进而影响价值创造"。

在产业现实层面，从江西农产品加工业产业组织治理的角度，提出以下两条建议：第一，我国农产品加工业存在产业化服务体系尚未形成、地区发展不平衡、行业内部不合理、对农业的带动能力不强等一系列问题，加强农产品加工业的行业服务及管理尤其必要。对于江西农产品加工业而言，加快构建、完善服务模块化价值网络，从市场治理、社会治理和政府治理三个层次科学设计治理机制，提高农产品加工业的网络化治理水平，对于提升该产业的价值创造能力是有益路径。第二，不同的服务模块化形式，如服务产品模块化或服务对象模块化等，其生成的价值网络具有不同的特性（余长春和吴照云，2012）。因而，对于江西农产品加工业而言，在其产业组织范畴下，由服务模块化形成的价值网也分别对应着不同的网络状态，其治理机制各异。设计江西农产品加工业服务模块化价值网的治理机制，从而有利于价值创造，须区别对待不同的服务模块化形式所形成的价值网络。

二、研究展望

对于未来的研究，本书提出以下展望：

从服务的特性入手，结合模块化的特征，分析服务模块化对价值创造的影响机理。

寻找更典型的案例，弄清楚服务模块化与价值创造之间的关系是线性关系还是非线性关系。

从顾客需求视角分析服务模块化价值网络的价值创造性。

服务模块化价值网络治理机制作为一种动态性的网络组织治理机制形式，与产业环境有着密切关系，但这只是其中一种相关因素，未来研究将从核心服务主体与参与服务主体视角展开。

虽运用了探索性案例分析方法对服务模块化价值网络治理机制进行分析，却难以对具体的结论进行量化。下一步将结合数理分析方法对相应的改进路径进行验证分析。

参考文献

［1］ Cai H，Yeh J，Su H. Relooking at Services Science and Services Innovation ［J］. SOCA，2008（2）：20 – 24.

［2］ Gereffi G，Humphrey J，Sturgeon T. The Governance of Global Value Chains：An Analytic Framework ［J］. Paper Presented at the Bellagio Conference on Global Value Chains，2003（4）：64 – 68.

［3］ Abe T. What is Service Science ［R］. Fujitsu Research Institute Economic Research Center，2005（17）：87 – 91.

［4］ Bovet D，Marha J. Value Nets：Breaking the Supply Chain to Unlock Hidden Profits ［M］. New York：Wiley，2000：89 – 101.

［5］ Maglio P P，Srinivasan S，Kreulen J T，Spohrer J. Service Systems，Service Scientists，SSME，and Innovation ［J］. Communication of the ACM，2006，49（7）：40 – 45.

［6］ Spohrer J，et al. Steps toward A Science of Service Systems ［J］. IEEE Computer Society，2007（1）：110 – 117.

［7］ Gereffi G，Humphrey J，Sturgeon T. The Governance of Global Value Chains ［J］. Review of International Political Economy，2005，12（1）：67 – 75.

［8］ Thomas L L，Michael H C，Bryan W，et al. The Virtual Warehousing Concept ［J］. Transportation Research，2000（Part E）：115 – 125.

［9］ Slats P A，Bhola B，Evers J M，et al. Logistic Chain Modelling ［J］.

Operational Research, 1995, 87 (1): 1 – 20.

[10] Bowersox D J, Closs D J. Logistics Management: The Integrated Co-lumbus [M]. OH: McGraw – Hill Companies, Inc., 1998: 204 – 253.

[11] Baldwin Y, Kim B. Clark. Design Rules: The Power of Modularity [M]. Cambridge, MA: MIT Press, 2000: 145 – 187.

[12] Keller K L, Lehmann D R. Brands and Branding: Research Findings and Future Priorities [J]. Marketing Science, 2006, 25 (6): 740 – 759.

[13] Baldwin C Y, Clark K B. Managing in An Age of Modularity [J]. Harvard Business Review, 1997 (5): 101 – 106.

[14] Schilling M A, Steensma H K. The Use of Modular Organizational Forms: An Industry Level Analysis [J]. Academy of Management Journal, 2001, 44 (6): 1149 – 1168.

[15] Simon H A. The Architecture of Complexity: Proceedings of the American Philosophical Society [M]. Harvard Business School Press, 1962: 467 – 482.

[16] Peters L, Saidin H. IT and the Mass Customization of Services: The Challenge of Implementation [J]. International Journal of Information Manage-ment, 2000 (20): 103 – 119.

[17] Sundbo J. Modulization of Service Production and A Thesis of Conver-gence between Service and Manufacturing Organizations [J]. Scandinavian Jour-nal of Management, 1994, 10 (3): 245 – 266.

[18] Gershenson J K, Prasad G J, Zhang Y. Product Modularity: Defini-tions and Benefits [J]. Journal of Engineering Design, 2003, 14 (3): 295 – 313.

[19] Benassim M. Investigating Modular Organizations [J]. Journal of Management Governance, 2009, 13 (3): 166 – 182.

[20] Tiwana A. Does Interfirm Dularity Complement Ignorance? A Field Study of Software Outsourcing Alliances [J]. Strategic Management Journal,

2008，29（11）：1241 - 1252.

[21] Balaji P, Aoyama Y. From Software Services to R&D Services: Local Entrepreneurship in the Software Industry in Bangalore [M] . India: Environment and Planning, 2004: 23 - 25.

[22] Jesu M, Santamar N L. The Importance of Diverse Collaborative Networks for the Novelty of Product Innovation [J] . Technovation, 2007 (2): 367 - 377.

[23] Moller K E, Wilson D T, et al. Business Marketing: Aninteraction and Network Perspective [M] . Boston, MA: Kluwer, 1995: 304 - 380.

[24] Normann R, Ramirez R. From Value Chain to Value Constellation: Designing Interactive Strategy [J] . Harvard Business Review, 1993 (9): 65 - 77.

[25] Vargo S, Lusch R. Evolving to a New Dominant Logic for Marketing [J] . Journal of Marketing, 2004 (10): 1 - 17.

[26] Gereffi G, Humphrey J, Sturgeont. The Governance of Global Value Chain [J] . Forthcoming in Review of International Political Economy, 2003, 11 (4): 5 - 11.

[27] Philip P. Andrews J H. Transforming. Supply Chains into Value Webs [J] . Strategy & Leadership, 2004, 26 (3): 24 - 27.

[28] Applegate L M. Overview of E - Business Models [M] . Boston: Harvard Business School Press, 2000: 57 - 70.

[29] Bovet D, Marha J. From Supply Chain to Value Net [J] . Journal of Business Strategy, 2000, 21 (4): 24 - 28.

[30] Eisenhardt K M. Theory Building from Case: Opportunities Chanlleges [J] . Academy of Management Journal, 2007 (3): 56 - 59.

[31] Eisenhardt, Kathleen M. Theory Building from Case Study Research: Opportunities Chanlleges [J] . Academy of Management Review, 1989 (10): 65 - 69.

［32］ Tremersch S, Weiss A M, Dellaert B G C, Framhach R T. Buying Modularity Systems in Technology Markets ［J］. Journal of Marketing Research, 2008, 40 （3）: 337 – 348.

［33］ Brusoni S, Prencipe A. Making Design Rules: A Multidomain Perspective ［J］. Organization Science, 2011, 17 （2）: 179 – 189.

［34］ Ethiraj S K, Levinthal D. Modularity and Innovation in Complex Systems ［J］. Management Science, 2010, 50 （2）: 160 – 171.

［35］ Balaji P, Aoyama Y. From Software Services to R&D Services: Local Entrepreneurship in the Software Industry in Bangalore ［J］. India Environment and Planning A, 2007, 8 （5）: 23 – 25.

［36］ Birkinshaw J, Nobel R, Ridderstrale J. Knowledge as A Contingency Variable: Do the Characteristics of Knowledge Predict Organization Structure ［J］. Organization Science, 2007, 13 （3）: 275 – 286.

［37］ Pekkarinen S, Ulkuniemi P. Modularityity in Developing Business Services by Platform Approach ［J］. The International Journal of Logistics Management, 2008, 19 （1）: 84 – 103.

［38］ Ushman M L, Reilly C A. The Ambidextrous Organization ［J］. Harvard Business Review, 2009, 82 （4）: 74 – 81.

［39］ Sturgeon T. Modularity Production Networks: A New Model of Industrial Organization ［J］. Industrial and Corporate Change, 2009, 11 （3）: 53 – 92.

［40］ Ring P, Van D V. Developmental Processes of Coopertive Inter – organizational Relationships ［J］. Academy of Management Review, 1994, 19 （1）: 90 – 118.

［41］ Bemhein B D, Whinston M D. Incomplete Contracts and Strategic Ambiguity ［J］. American Econormic Review, 1998, 88 （4）: 902 – 932.

［42］ Williamson O E. Comparative Econormic Organization: The Analysis of Discreet Structural Alternatives ［J］. Administrative Science Quarterly,

1991，36（2）：269－296.

［43］Jones C，Hesterly S W，Borgati P S. A General Theory of Network Governance：Exchange Conditions and Social Mechanism ［J］. Academy of Management Review，1997，22（4）：67－72.

［44］Vander Meer － Kooistra J，Vosselman E G J. Management Control of Interfirm Transactional Relationships：The Case of Industrial Renovation and Maintenance ［J］. Accounting，Organizations and Society，2000，25（1）：50－76.

［45］Carole Donada Gwenaelle Nogatchewskym，Vassal or Lord Buyers：How to Exert Management Control in Asymmetric Interfirm Transactional Relationships? ［J］. Management Accounting Research，2006，17（2）：261－276.

［46］Goodman L E，Dion P A. The Determinants of Commitment in the Distribut or Manufacturer Relationship ［J］. Industrial Marketing Management，2001，30（3）：286－299.

［47］Dekker H C. Control of Inter － organizational Relationships：Evidence on Appropriation Concerns and Coordination Requirements ［J］. Accounting，Organizations and Society，2004，29（1）：27－49.

［48］Gulati R，Singh H. The Architecture of Cooperation：Managing Coordination Costs and Appropriation Concerns in Strategic Alliances ［J］. Administrative Science Quarterly，1998，43（4）：780－811.

［49］Noor Raihani Binti Zainol，Abdullah Al － Mamun P，Yukthamarani Permarupan. Overview of Malaysian Modularity Manufacturing Practices ［J］. American Journal of Industrial and Business Management，2013，3（7）：601－609.

［50］Sundbo J. Modulization of Service Production ［J］. Scandinavian Journal of Management，1994，10（3）：245－266.

［51］Peters L，Saidin H. IT and Themass Customization of Service：The Challenge of Implementation ［J］. International Journal of Information Management, 2000, 20 (2): 103 – 119.

[52] Blok K, Luijkx J, Schols B, Meijboom R. Schroeder. Interfaces in Service Modularity: A Typology Developed in Modular Health Care Provision [J]. Journal of Operations Management, 2014, 2 (4): 175 – 189.

[53] Wang Q, Bradford K, Xu J, et al. Creativity in Buyer – Seller Relationships: The Role of Governance [J]. International Journal of Research in Marketing, 2008, 25 (2): 109 – 118.

[54] Burkert M, Ivens B S, Shan J. Governance Mechanisms in Domestic and International Buyer – Supplier Relationships: An Empirical Study [J]. Industrial Marketing Management, 2012, 41 (3): 544 – 556.

[55] Yin R K. Case Study Research: Design and Methods [M]. Thousand Oaks: Sage, 2004: 34 – 38.

[56] Baldwin C Y, Clark K B. Managing in an age of Modularity [J]. Harvard Business Review, 1997 (75): 84 – 93.

[57] Cannon J P, Perreault W D J. Buyer – Seller Relationships in Business Markets [J]. Journal of Marketing Research, 1999, 36 (4): 439 – 460.

[58] Grandori A. Neither Hierarchy nor Identity: Knowledge Governance Mechanisms and the Theory of the Firm [J]. Journal of Management and Governance, 2001 (5): 381 – 399.

[59] Antonellic. Models of Knowledge and Systems of Governance [J]. Journal of Institutional Nomics, 2005, 1 (1): 51 – 73.

[60] Rajan R G, Zingales L. The Influence of the Fianncial Revolution on the Nature of Firms [J]. The American Economic Review, 2001, 91 (2): 206 – 211.

[61] Alchian A A, Demselz H. Production, Information Costs, and Economic Organization [J]. American Economic Review, 1972, 62 (5): 777 – 795.

［62］Hotylainen M，Moller K. Service Packaging：Key to Successful Provisioning of ICT Business Solutions ［J］. Journal of Services Marketing，2007，21（5）：304 – 312.

［63］Lang Lois R N. The Vanishing Hand：The Changing Dynamics of Industrial Capitalism ［J］. Journal，2002：200 – 221.

［64］Tushman M L，O’Reilly C A. The Ambidextrous Organization［J］. Harvard Business Review，2009，82（4）：74 – 81.

［65］Hagel J，Brown S. The Only Sustainable Egde ［M］. Harvard Business School Press，2005：38.

［66］盛革. 模块化价值网及其知识管理研究 ［J］. 外国经济与管理，2009，31（4）：29 – 36.

［67］胡大立. 基于价值网模型的企业竞争战略研究 ［J］. 中国工业经济，2006（9）：56 – 63.

［68］刘作仪，杜少甫. 服务科学管理与工程：一个正在兴起的领域 ［J］. 管理学报，2008（7）：57 – 60.

［69］吴照云，余长春. 用服务科学解析价值链 ［J］. 中国工业经济，2011（4）：50 – 60.

［70］夏辉，薛求知. 服务型跨国公司模块化的演进及创新机理 ［J］. 当代财经，2010（12），63 – 70.

［71］夏辉，宋晓峰，金润圭. 服务模块化的必然性及动力机制分析 ［J］. 当代财经，2008（6）：82 – 85.

［72］李海舰，魏恒. 新型产业组织分析范式构建研究——从 SCP 到 DIM ［J］. 中国工业经济，2007（7）：52 – 60.

［73］李海舰，原磊. 基于价值链层面的利润转移研究 ［J］. 中国工业经济，2005（6）：46 – 63.

［74］李海舰，陈小勇. 企业无边界发展研究——基于案例的视角 ［J］. 中国工业经济，2011（6）：89 – 98.

［75］董必荣. 基于价值网络的企业价值计量模式研究 ［J］. 中国工

业经济，2012（1）：90－101.

［76］苟昂，廖飞．基于组织模块化的价值网研究［J］．中国工业经济，2006（2）：66－72.

［77］吴照云，余长春，尹懿．服务模块化理论研究述评［J］．当代财经，2012（2）：80－87.

［78］大卫·波维特．价值网：打破供销链、挖掘隐利润［M］．钟德强，胡汉辉译．北京：人民邮电出版社，2001：104－201.

［79］郭重庆．"服务科学"——一个极具前沿意义的学科［J］．中国科学基金，2008（4）：12－17.

［80］颜安，周思伟．虚拟整合的概念模型与价值创造［J］．中国工业经济，2011（7）：56－60.

［81］李垣，刘益．基于价值创造的价值网络管理：特点与形成［J］．管理工程学报，2001（4）：38－41.

［82］余长春，吴照云．价值创造视域下民航业服务模块化运行：基于探索性案例分析的视角［J］．中国工业经济，2012（12）：141－153.

［83］李平，狄辉．产业价值链模块化重构的价值决定研究［J］．中国工业经济，2006（9）：71－77.

［84］李靖华．服务大规模定制实现机理分析：制造业与服务业融合视角［J］．科技管理研究，2008（2）：143－145.

［85］关增产．面向大规模定制的服务模块化研究［J］．价值工程，2009（11）：53－55.

［86］李秉翰．服务模块化的构建与应用［D］．复旦大学管理学院论文，2010：98－119.

［87］徐光辉．从"价值创造"开始——论中国经济战略转型［J］．管理世界，2011（11）：1－12.

［88］邓爽．基于模块组合的金融服务创新模式研究［D］．浙江大学管理学院论文，2008：10－65.

［89］崔金秀．基于服务业服务模块化组织的组织间学习研究［D］．

山东经济学院工商管理学院论文，2010：25-34.

[90] 韦琦. 基于大规模定制的服务模块化设计研究 [J]. 贵州财经学院学报，2010（5）：38-42.

[91] 青木昌彦，安藤晴彦. 模块化时代：新产业结构的本质 [M]. 上海：上海远东出版社，2003：56-57.

[92] 李秉翰. 服务模块化的构建与应用研究 [D]. 复旦大学管理学院论文，2010：43-46.

[93] 魏江，赵江琦，邓爽. 基于模块化架构的金融服务创新模式研究 [J]. 科学学研究，2009（11）：60-65.

[94] [美] 大卫·M. 安德森，B. 约瑟夫·派恩二世. 21世纪企业竞争前沿：大规模定制模式下的敏捷产品开发 [M]. 北京：机械工业出版社，1999：25-76.

[95] 刘志阳，施祖留，朱瑞博. 基于模块化的银行卡产业价值创新研究：从价值链到价值群 [J]. 中国工业经济，2007（9）：23-30.

[96] 郝斌，张冉. 论模块化组织的权力科层结构——基于企业间的非对称性视域 [J]. 商业经济与管理，2011（5）：30-36.

[97] [日] 青木昌彦，安藤晴彦. 模块时代：新产业结构的本质 [M]. 上海：上海远东出社，2003：45-47.

[98] 陈永亮，徐燕. 模块化制造技术与可持续发展机械制造 [J]. 机械制造，1999（12）：6-8.

[99] 徐宏玲，李双海. 价值链形态演变与模块化组织协调 [J]. 中国工业经济，2005（11）：81-87.

[100] 应丽君. 模块化的会展"流程链"管理模式 [J]. 旅游学刊，2006（10）：66-69.

[101] 王圣果，陈觉. 中式餐饮生产模块化初探 [J]. 商业经济与管理，2007（6）：89-94.

[102] 吴照云，余长春，尹懿. 服务模块化理论研究述评 [J]. 商业经济与管理，2012（3）：122-128.

［103］李秉翰．服务模块化的构建与应用研究［D］．华东师范大学博士学位论文，2010：34 – 37.

［104］夏辉，薛求知．服务业的模块化发展研究［J］．上海经济研究，2010（3）：28 – 34.

［105］李世杰，李凯．产业集群的结构本质：模块化耦合［J］．学习与实践，2010（6）：11 – 18.

［106］夏辉，薛求知．服务型跨国公司模块化的演进及创新机理[J]．当代财经，2010（12）：63 – 70.

［107］余长春，吴照云，程月明．汽车金融服务业服务模块化运行的价值创造路径——基于案例研究的视角［J］．华东经济管理，2013（8）：159 – 164.

［108］刘明宇，芮明杰．价值网络重构、分工演进与产业结构优化［J］．中国工业经济，2012（5）：148 – 160.

［109］刘彪文．模块化虚拟组织的成因及其超管理支持［J］．江西财经大学学报，2010（3）：22 – 25.

［110］夏辉，薛求知．论服务型跨国公司全球价值网络模块化——以跨国银行为例的实证检验［J］．复旦学报（社会科学版），2012（6）：105 – 114.

［111］孙国强．西方网络组织治理评价研究［J］．外国经济与管理，2004（8）：34 – 39.

［112］王志涛，梁译丹．交易成本、风险交流与食品安全的治理机制［J］．科技管理研究，2014（24）：45 – 49.

［113］苟昂，廖飞．基于组织模块化的价值网研究［J］．中国工业经济，2005（2）：66 – 72.

［114］余东华，芮明杰．模块化、企业价值网络与企业边界变动[J]．中国工业经济，2005（10）：88 – 95.

［115］曹宁，仁浩，喻细花．模块化组织中核心企业治理能力的内涵与结构［J］．科技进步与对策，2015（12）：65 – 70.

［116］李秉翰．服务模块化的构建与应用研究［D］．复旦大学论文，2010：66－80.

［117］杨晨，蔡芸．基于探索性案例分析的专利创业服务模块化运行研究［J］．科技进步与对策，2013（12）：134－138.

［118］姚树俊，陈菊红，赵益维．服务型制造模式下产品服务模块化演变进程研究［J］．科技进步与对策，2012（5）：78－82.

［119］郝斌，吴金南，刘石兰．模块化组织问题研究［J］．外国经济与管理，2010（5）：17－24.

［120］柯颖．基于模块化的产业价值网治理与价值创新［J］．软科学，2013（12）：76－79.

［121］薛晓梅，孙锐．创新集群知识治理机制选择的影响因素分析［J］．科技管理研究，2012（8）：194－197.

［122］李瑶，刘益，杨伟．不同治理机制对联盟中显性知识和隐性知识转移的影响研究［J］．情报杂志，2010（11）：106－109.

［123］李百洲，徐广玉．知识黏性、服务模块化和知识转移绩效关系的研究［J］．科学学研究，2013（11）：1671－1679.

［124］刘方龙，吴能全．探索京瓷"阿米巴"经营之谜——基于内部虚拟产权的案例研究［J］．中国工业经济，2014（2）：135－147.

［125］曹虹剑，张慧，刘茂松．产权治理新范式：模块化网络组织产权治理［J］．中国工业经济，2010（7）：84－93.

［126］陈梅，张四一，夏桂圆．正式控制、关系控制与企业战略供应关系绩效——基于中国乳制品行业的调查研究［J］．财经问题研究，2014（10）：34－40.

［127］李会军，席酉民，葛京．松散耦合研究对协同创新的启示［J］．科学学与科学技术管理，2015（12）：109－118.

［128］杨丰强，芮明杰．知识创新服务的模块化分工研究［J］．科技进步与对策，2014（10）：137－141.

［129］周翔，吴能全，苏郁锋．基于模块化演进的产权理论［J］．

中国工业经济，2014（10）：110 - 121.

[130] 王雎. 开放式创新下的知识治理——基于认知视角的跨案例研究 [J]. 南开管理评论，2009（12）：45 - 53.

后　记

　　本课题自 2014 年国家自然科学基金立项以来，围绕服务模块化治理机制对价值创造影响机理问题，我做了大量的研究，也取得了较满意的成果。为了把这些研究形成系统性的成果，开始了本书的撰写。

　　撰写前后得到了导师吴照云的指点与帮助，太多感激无以言表，深藏于心。感谢国家自然科学基金委员会的资助和学校科技处的支持。感谢硕士生闫明、沈先辉、赵晓宁和程艳秋的参与研究。

　　付梓之际，特作诗一首抒发研究感受。

　　研习课题四余载，坎坷悲喜印梓间。

　　不乏论文十几篇，难抵珍贵流水年。

　　参研硕士有三四，二人毕业二继研。

　　教学科研均意图，不负基金委资助。

　　来年若有立项日，甘为孺子继潜行。

余长春

农历丁酉年七月十三日　于卧龙港启航路 G 栋教学楼